法令表記ルールと実際

高橋康文
TAKAHASHI YASUFUMI

一般社団法人 金融財政事情研究会

はじめに

　本書は雑誌「金融法務事情」に連載された「法令執務雑記帳」を基に、その一部を「法令表記ルールと実際」としてまとめたものです。

　法令文に関しては、その用語、用法等についてルールがあります。このルールは立法慣行といわれ、これに従って法令案を策定することが求められます。立法慣行を説明するものとして内閣法制局経験者が編集する法制執務研究会編『新訂 ワークブック法制執務［第 2 版］』（ぎょうせい、2018年）（以下「ワークブック」という）があり、事実上、これによって法律案、政令の立案、審査が行われます。このほか、法令用語、法令執務、立法学等について解説を行う書は多数あります。本書は、これらの書に重ねて説明することを意図するものではなく、筆者が法律案等の立案、審査において感じたことを、立法実務を踏まえた法令表記のルールと実際を説明するものです。このため網羅的な説明とはなっていないことをご理解ください。

　なお法令文等は2023年10月のものです。また本書のうち意見にわたる部分は筆者の私見であり、筆者が現に所属し、過去に所属していた組織の見解を表すものではありません。

2024年 8 月

高橋　康文

目 次

第1章 法令の表記

1 日 本 語 … 2
2 よるべき用字・用語 … 6
3 外来語とカタカナ … 9
4 表・計算式 … 17
5 句 読 点 … 19
6 接 続 詞 … 35

第2章 条文の構造

1 条 … 52
2 項 … 54
3 条か、項か … 55
4 号 … 56
5 枝番号と削除 … 60
6 見 出 し … 62

第3章 法令の用語と用法(1)

1 言 葉 … 70
2 定 義 … 73
3 文 書 性 … 86

第4章 法令の用語と用法(2)

1 規定する … 106
2 当 該 … 115

3 その他、その他の ……127
4 等 ……135
5 違いを生じさせる表現 ……140

第 1 章

法令の表記

1 日 本 語

(1) 法令は日本語で規定する

　法令は国民の権利義務を定めるものである。このため一般国民が理解できる言語により規定される必要がある。一般国民が理解できる言語とは何か。外国では、フランス憲法第2条に「共和国の言語はフランス語である」とする例があり、ウクライナでは1996年に採択された憲法第10条でウクライナ語を唯一の国家言語であると規定し、2019年の言語法で映画、テレビ、ラジオ、書籍出版等など幅広い領域で国家語（ウクライナ語）の優先的使用を義務付けているとされる。しかし、我が国にはこのような規定はない。「裁判所では、日本語を用いる」という規定はあるが法令を日本語で定めるとする法令はない。しかし、法令を日本語で規定するのは当然とされており、法務省の日本法令外国語訳データベースシステムでも「法的効力を有するのは日本語の法令自体」とされている。

　では「日本語」とは何か。法令に定義はないが辞書をみると「日本民族の言語」「日本の国語」とある。閣議決定では「我が国において、現在、最も普通に使われている言語が「日本語」とされていると承知している」[1]とされる。ちなみに「国語」を辞書でみると「国の主体をなす民族が、共有し、広く使用している言語」「その国の公用語」とあり、「日本語の別称」ともある。日本語を国語、公用語とする定めはないものの、「国語」

＝「日本語」と理解されていると考えられる。

　地方で用いられる言葉は「方言」といわれるが、「方言」が一部の地方でしか理解できないものとすれば、「方言」を法令に用いることは適当でないこととなる。ただし、条例であれば、当該地方における普及度によるが「方言」を用いることができるのかもしれない。実際にも高知市市民と行政のパートナーシップのまちづくり条例では前文に方言が用いられている。

　取り締まる対象を明らかにするために学術名が優先される場合もある。絶滅のおそれのある野生動植物の種の保存に関する法律（以下「種の保存法」という）施行令別表第１では、「Ciconia boyciana（コウノトリ）」のようにラテン語表記で記載され、括弧書で日本語表記が記載されている。同表の備考において「括弧内に記載する呼称は、学名に相当する和名である」とされており、ラテン語表記のものが規制の対象となる動植物種に当たるか否かが判断されることから、いわばラテン語表記の法令ともいえる。ラテン語表記のものを固有名詞と捉えることもできるが、固有名詞であっても例えば国名はカタカナで表記される。同表でも平成27年政令第380号による改正の前まではラテン語名をカタカナで表記していた。

(2) 法令に関し外国語を用いる例

　法令に関して外国語が用いられる例として次の①〜⑤がある。
① 医薬品、医療機器等の品質、有効性及び安全性の確保等に

関する法律施行規則様式第18等では、外国事業者が行う申請について、申請書の様式に日本語の表記に英語の表記（英訳）を付けている。様式は日本語で定められており、英語表記は法務省の日本法令外国語訳と変わりがないことになる。

② 資金移動業者に関する内閣府令第2条では、金融庁長官等に提出する書類で、「特別の事情により日本語をもって記載することができないものがあるときは、その訳文を付さなければならない。ただし、当該書類が定款であり、かつ、英語で記載されたものであるときは、その概要の訳文を付すことをもって足りるものとする」とされる。

③ 金融商品取引業等に関する内閣府令第350条第1項では、「次の各号に掲げる書類のうち…金融庁長官が定めるものは、当該各号に定める様式に準じて英語で作成することができる」とされる。

　②、③は、行政当局への申請書類は日本語であることが前提の上で当局が英語の記載による申請を認めるものであり、一般国民との関係で問題はないと思われる。なお、③は「英語での登録申請等を可能とする内閣府令の改正等を行う」[2]として令和3年内閣府令第1号により新設された規定であり、その後他の条文においても同様の規定が設けられている。

④ 金融商品取引法（以下「金商法」という）第24条では有価証券報告書等の提出を定め、外国会社は、内閣府令で定める場合には有価証券報告書等に代えて、「外国において開示が行われている有価証券報告書等に類する書類であって英語で

記載されているもの」（外国会社報告書）を提出することができるとされ（同条第 8 項）、外国会社報告書に記載されている事項のうち内閣府令で定めるものの要約の日本語による翻訳文及び補足書類を添付しなければならない（同条第 9 項）とされる。

⑤　会社法第435条では計算関係書類の作成等を求め、会社計算規則第57条第 2 項では「計算関係書類は、日本語をもって表示するものとする。ただし、その他の言語をもって表示することが不当でない場合は、この限りでない」とされる。

　④は英文開示制度といわれ、平成17年の金商法（当時証券取引法）改正から実施されている。④の有価証券報告書や、⑤の計算関係書類は法令に基づき一般国民に開示するために作成する資料であり、外国語での表記を認めるか否かは法令において外国語表記が許されるかと同様に重要な問題である。開示制度は投資者保護のための制度であるにもかかわらず、一般国民が理解できる言語である言語（日本語）以外の言語（英語）での開示が投資者保護として十分とする理由は定かではない。金商法が金融商品取引業者に対し顧客に対する説明義務（第 3 条第 1 項、第 2 項）、適合性原則（第117条第 1 項第 1 号）を定めていることから、英語での理解が不十分と判断される投資者には販売は行われないため投資者保護上問題がないとの説明もされるが、金融商品取引業者を通じなくとも当該有価証券を購入することができる場合があることから、英文開示しか行われない有価証券の発行・流通を認めることが適当かという問題が残る。ただし、権利義務を明らかにする規範たる法律と異なり、投資

者保護と有価証券の発行・流通の比較考量の問題とすれば、必ずしも英文開示が許されないものではないと判断されたものと考えられる。

2　よるべき用字・用語

内閣提出の法律案及び政令における漢字使用等の用字、用語の表記は、「法令における漢字使用等について」（平成22年11月30日内閣法制局総発第208号）によることとされており、ワークブックでは「議員提出に係る法律案についても同様の表記方法がとられることになっているので、少なくとも法律及び政令についての表記は、右を基本とすることになる」とされる。

一般の社会生活において現代の国語を書き表すための漢字使用の目安として「常用漢字表」（平成22年内閣告示第2号）が定められており、また、同様の趣旨で、「送り仮名の付け方」（昭和48年内閣告示第2号）、「現代仮名遣い」（昭和61年内閣告示第1号）が定められている。「法令における漢字使用等について」はこれらを踏まえて定められたものであり、常用漢字表等が時代に応じて改正されるのに伴って改正されてきている。

現在、口語体、平仮名、句読点・濁点を付ける、拗音（や、ゆ、よ）及び促音（つ）は小文字を用いる等が表記の基本であるが、これは、昭和21年4月17日に、口語体、平仮名、改行は1字下がり等の表記で作成された現行憲法草案が公表され、「今後各官庁における文書及び新たに制定（全文改正を含む）する法令の文体、用語、用字、句読点等は、今回発表された憲法

改正草案の例にならうこと」[3]とされたことから始まっている。現代仮名遣いとすることとなったのは、「「現代仮名遣い」の実施について」（昭和61年内閣訓令第１号）以降であり、拗音及び促音に小文字を用いることとなったのも、「法令における拗音及び促音に用いる「や・ゆ・よ・つ」の表記について（通知）」（昭和63年７月20日内閣法制局総発第125号）以降である。

　法令の表記はその制定時の表記のルールに基づいて行われるため、法令の制定時期によっては現在の表記ルールと異なるものがある。例えば「賄賂」は、現在は単に「賄賂」とされるが「賄賂̇」（自転車協議法）、初出は「賄賂̇」その後は「賄賂」（刑法）、「わいろ」（競馬法）、「賄ろ」（土地改良法）、「賄ろ（「ろ」の右横に傍点を付ける）」（公共工事の前払金保証事業に関する法律）の表記がある。表記のルールが改められるたびに全ての法令の表記について改正を行えば、法律によって表記がまちまちとなることはないが、法改正の機会があるときにその時の表記ルールに合わせた改正をすることになっている。このため改正の機会がない法令は古い表記となっている。憲法が「行ふ」等の表記を用いていることについて「文法上の誤りやかな遣いの誤り、これが60カ所、送りがなの誤りが15カ所、当用漢字表にない漢字が使われているもの29カ所」との指摘に対し、「法律につきましては、改正の都度、もし「行ふ」と書いてあるものがあれば「行う」と直しておりますけれども、しかし憲法は、これは御承知のように直すチャンスはございませんから「行ふ」というのがそのまま残っているだけでありまして、これを誤りというのは全く当たらないと思います」[4]とされているように、

誤りではない。

　法改正の機会があるときでも、実体について改正が行われる部分の表記ルールの改正をすればよいとされており、ワークブックでは「表記についての改正であってもその実体についての改正でないこと、法令の改正は最小限度に行われるべきものとの考え方に基づく」とされる。実務上は、改正作業に負荷がかかり、また、法令の誤りを生じる危険性が増すことから行われていないと思われる。このため、「かんがみ」（国立国会図書館法第25条の3第2項）と「鑑み」（同法第25条の4第2項第3号）、「ただし」（労働基準法第19条1項等）と「但し」（同法第20条1項等）、「すべて」（電子記録債権法第87条第1項第1号）と「全て」（同法第86条第1号）、「行なわせる」（国家公務員法第21条）と「行わせる」（同法第106条の19）など、1つの法律でも新旧の表記ルールが混在することとなる。

　実質改正以外に現在の表記ルールに合わせるための改正を行うことができないわけではなく、平成23年の民事調停法の改正では全ての条文について現在の表記ルールに合わせた改正が行われている。また、新たに条項を追加する改正を行うときには当該規定について現在の表記ルールで規定するが、項を改正する場合には当該項を含む条全体について現在の表記ルールへの改正を行うとされる。

　拗音及び促音については、古い表記（大文字）の法令では、改正によって溶け込む部分についても大文字とし、現在の表記ルール（小文字）にしないため、金商法、銀行法などでは本則は大文字表記となっている。

法令の表記のルールはあまり知られておらず、法令を分かりやすくするには、１つの法律で表記がまちまちになることは避け、表記ルールの改正を行うことが適当と思われる。新旧の表記ルールが混在することは、法令改正の際に確認に手間がかかり誤りの原因となるほか、用語等の検索においても「行う」と「行なう」等を区別して検索する必要があるなどの煩わしさが生じる。

3　外来語とカタカナ

(1) 外 来 語

　外来語とは、元来は外国語であるが日本語と同様に使用されている言葉をいい、カタカナで表記される。カタカナは外来語の表記だけでなく外国の国名、地名、人名などの表記にも用いられる。法令における国名等については「法令における外国の国名・地名の表記について」（平成15年１月31日内閣法制局）により、在外公館の名称及び位置並びに在外公館に勤務する外務公務員の給与に関する法律別表第１に用いられている表記と同一の表記とすることとされている。

　また、カタカナは日本語に言い換えることが困難な物品等の名称の表記や、外国語を組み合わせて作られたいわゆる和製英語（「デイサービス」等）の表記などにも用いられる。「たばこ」「北京」「香港」のように日本語になっていると考えられる外来語、地名等は平仮名、漢字で表記される。外国の言葉は戦前の

法律でも用いられていたが、外来語として用いるのではなく、文物・概念を漢語によって翻訳した言葉（「私権」等）を用いる方法や音を漢字で表記する方法がとられている。例えば、「瓦斯」（ガス）、「汽缶」（ボイラー）、「汽艇」（ランチ）、「臘虎」（ラッコ）、「膃肭獣」（オットセイ）という表記が用いられている。

　外国語の音をカタカナで表記する場合には表記に差が生じうる。法令では、例えば「テレビ」「テレビジョン」と表記が分かれる。長音符号（「ー」）については、×「パーティ」○「パーティー」、×「エネルギ」○「エネルギー」、×「カフェ」○「カフェー」、×「コンピューター」○「コンピュータ」とする表記のルールがあるが、「コンテナ」は「コンテナー」のいずれの表記もある。国名では「ヴェトナム」→「ベトナム」、「ジョルダン」→「ヨルダン」、「ブラッセル」→「ブリュッセル」、「グルジア」→「ジョージア」等の表記の改正が行われている。なお、一般の社会生活において現代の国語を書き表すためのよりどころとして「外来語の表記」（平成3年内閣告示第2号）があるが、外来語の使用に関する取扱いについては特に示していないとされる[5]。

　法令は一般国民が理解できる言語により規定される必要がある以上、法令に用いられる外来語も日本語として定着している言葉である必要がある。「日本語かどうか争われた事例もあり、ハンカチーフ、メンバー、サークル、オルグなどは、外来の日本語であるとするのが判例である」[6]とされる。

　ある語句が日本語として定着したかどうかの判断は難しく、

また時代に応じて変化する。古くは「外来語を法律の用語として使う場合にどの程度に慣熟すれば使えるかという基準は何かというお尋ねであったと思いますが、これは客観的に明確なる基準はちょっと申し上げにくいことであると思います。ただ、非常にばく然と申し上げますれば、世上で一般に使って、通常の義務教育を終わった程度の人が聞いてもその意味の大体はわかるという程度のものであると立法者が判断なさった場合にお使いになっているのだろうと思います」「考え方といたしましては、わりに保守的でございまして、なるべくならば日本語を使うという気持ちではございます」[7]とされる。

　昭和62年に制定された総合保養地域整備法では、内閣法制局審査に際して「法律の題名に「リゾート」という語を用いたいと、真剣かつ執拗な要求が、法案審査に際して持ち込まれ」「「リゾート」の概念については、家族が夏期休暇等を利用して、合理的な費用…で、相当期間滞在し、単に休養に止まらず、文化的活動も行い、心身ともに健やかに、自己を高め、満ち足りて帰宅できるような、施設・環境を備えた地域であるとの説明でした。そして、「保養地」の語は、深夜まで酒に溺れ、朝には「二日酔いの迎え酒」のイメージが強く、相応しくないと言い張」られたが、「わが国は、包容力ある漢字文化を有しているのだから、そのような概念を漢字で表記できないはずはない、その努力をすることなく、生煮えの外来語に飛びつくべきではない」[8]として「リゾート」の語が用いられなかった。しかし、平成11年に制定された不正アクセス行為の禁止等に関する法律については「「アクセス」を漢字で表記できないか、

「接続」ではどうか等々、ずいぶん担当参事官に検討を求めましたが、情報通信分野における技術の進歩は著しく、外国語の直輸入の趨勢に杭しきれない時代になっていました」[9]として「アクセス」の語が定義語の一部として用いられている（第2条）。なお平成21年に制定された肝炎対策基本法では前文で「医療へのアクセス」と、令和5年に制定された日本国の自衛隊とオーストラリア国防軍との間における相互のアクセス及び協力の円滑化に関する日本国とオーストラリアとの間の協定の実施に関する法律では題名と前文に「相互のアクセス」と、無定義で「アクセス」が用いられている。

このように判断が分かれることから、「グリーンツーリズムを推進する内閣提出の「農山漁村滞在型余暇活動のための基盤整備の促進に関する法律の一部を改正する法律（平成17年法律第74号）」と、議員立法の「エコツーリズム推進法（平成19年法律第105号）」などは、僅かな年の間に類似概念について漢字表記とカタカナ表記がなされており、一国の法体系の中では釣り合いの取れない事例」[10]がある。

(2) コンピュータ

演算、照合など情報処理を自動的に行う電子機器は「コンピュータ」と呼ばれるが、法律・政令では、昭和56年の「マイクロコンピューター」（政令第278号）、昭和61年の「エックス線コンピュータ断層撮影装置」（法律第15号）が初出である。「パーソナルコンピュータ」（測量法別表第2）、「コンピュータゲーム」（コンテンツの創造、保護及び活用の促進に関する法律第2条）、

「コンピュータその他の電子機器」（文化芸術振興基本法第9条）等の用例はあるが、「コンピュータ」の語が使われている法令は多くはなく、「コンピュータ」に相当する語として「電子計算機」（刑法第168条の2、学校教育法第34条等）が用いられる。

「電子計算機」の初出は「コンピュータ」よりも早く昭和32年政令第199号による輸出貿易管理令の改正によるものであるが、単に「電子計算機」とあると電卓との区別がつかない。各国の関税率表の品目分類等を定めるHS条約及び関税定率表では、「Calculating machines」に「電子式計算機」の語が、「Automatic data processing machines」に「自動データ処理機械」の語が用いられている。なお、「コンピュータ」（電子計算機）には画面やキーボードが含まれるか疑義があるためか、「電子計算機（入出力装置を含む。）」とするものがある（金商法第185条の12等）。

「コンピュータ」に相当する語として「電子情報処理組織」が用いられる場合もある（「登録は、…電子情報処理組織によって行なう」（道路運送車両法第6条）、「電磁的方法（電子情報処理組織を使用する方法…により提供」（電子記録債権法第88条第4号））。初出は昭和44年の道路運送車両法の改正（法律第68号）である。また、申請等を「主務省令で定める電子情報処理組織（行政機関等の使用に係る電子計算機とその手続等の相手方の使用に係る電子計算機とを電気通信回線で接続した電子情報処理組織をいう。）を使用する方法により行うことができる」（情報通信技術を活用した行政の推進等に関する法律（以下「デジタル行政推進法」という）第6条第1項）とあるように、「電子情報処理組織」

の語は、通信回線によって「コンピュータ」と「コンピュータ」を結ぶイメージとしても用いられる。

このように「コンピュータ」の訳語がまちまちであるため、「コンピューターとは何をいうのかといった点について、国民生活の中において一般的な意識が確立し、定着していないということかもしれません」[11]といわれる。

(3) スポーツ

「スポーツ」は、昭和23年に制定された興行場法第1条第1項で「映画、演劇、音楽、スポーツ、演芸又は観せ物」と無定義で用いられている。昭和36年に制定されたスポーツ振興法では「この法律において、「スポーツ」とは、運動競技及び身体運動(キャンプ活動その他の野外活動を含む。)であって、心身の健全な発達を図るためにされるものをいう」(第2条)と定義されたが、他の法律では定義することなく用いられており、日本語として定着していると考えられる。なおスポーツ振興法はスポーツ基本法に改正され、「スポーツ」の定義はなくなり、前文で「スポーツは、心身の健全な発達、健康及び体力の保持増進、精神的な充足感の獲得、自律心その他の精神の涵養等のために個人又は集団で行われる運動競技その他の身体活動」と規定されている。

「スポーツ」との関係で「体育」の語があるが、昭和24年に制定された社会教育法では「教育活動(体育…を含む。)」(第2条)と、昭和29年に制定されたへき地教育振興法では「体育、音楽等の学校教育」(第3条第1項第3号)とある。昭和31年に

制定された地方教育行政の組織及び運営に関する法律の教育委員会の職務権限には、「体育」に関すること（旧第23条第13号、現同条第1項第2号）はあっても「スポーツ」に関することはなかったが、昭和36年にスポーツ振興法の附則により「体育（スポーツを含む。以下同じ。）」と改正され、平成11年には「スポーツ」に改正された。また、国民の祝日に関する法律の改正（昭和41年法律第86号）により規定された「体育の日」は「スポーツにしたしみ、健康な心身をつちかう」とされていたが、平成30年の改正（法律第57号）により「スポーツの日」とされ、「スポーツを楽しみ、他者を尊重する精神を培うとともに、健康で活力ある社会の実現を願う」とされた。これらをみると、「スポーツ」の語が「体育」を含むものとして一般化し、「体育」の語は教育の一環として行われる「スポーツ」として変化してきたと思われる。

(4) 新しい言葉

　新しい言葉が日本語として定着しているかどうかの判断は難しい。「インターネット」は世界中のコンピュータなどの情報機器を接続するネットワークであり、1990年頃から、世界的に広く使われ始めたといわれる。法令では、平成12年に制定された高度情報通信ネットワーク社会形成基本法で「インターネットその他の高度情報通信ネットワーク」（第2条等）、「インターネットの利用その他適切な方法により公表しなければならない」（第35条第4項、第5項）として用いられたのが初出であり、無定義で用いられている。

「インターネット」は比較的早期に外来語として用いられているが、「ガバナンス」や「コンプライアンス」は法律、政令では用いられず、「統治」や「法令遵守」が用いられている。「セキュリティ」も「安全の確保」が用いられており、平成26年に制定されたサイバーセキュリティ基本法で初めて定義を付けて「セキュリティ」が使用されている。

　定義（「…をいう。」）を付ければカタカナ語でも問題はないように思える。しかし、「定義さえすれば、新しい概念としてどんな用語でも許容されるかというと、必ずしもそうではなく、常識の範囲内というものがある。つまりその言葉を聞いて、通常の人ならばそれはどういうものかというある程度のイメージを持ち、それが立法の意図とおおむね一致しているというものが望ましい。…特に外来語を題名として使用することについては、それが日本語として定着しているものでない限り、慎重に判断すべきもの」[12]とされる。

　令和5年の性的指向及びジェンダーアイデンティティの多様性に関する国民の理解の増進に関する法律では「「ジェンダーアイデンティティ」とは、自己の属する性別についての認識に関するその同一性の有無又は程度に係る意識をいう」（第2条第2項）として定義を付けて「アイデンティティ」が用いられているが、同法の超党派合意案では「性自認」とされ、内閣提出案では「性同一性」とされ、国会における修正で「ジェンダーアイデンティティ」とされたものである。

　ちなみに、条例では絵文字を使用しているものもある（福島県川俣町「友♡ゆう♡の日」を定める条例）。なお、学術用語・

専門用語を法令に用いる場合は「法令における漢字使用等について」のルールによらないことも認められており、「Hib感染症」（予防接種法第2条第2項第9号）、「SARSコロナウイルス」（感染症予防法第6条第3項第4号）等の表記も認められる。前述した「Ciconia boyciana（コウノトリ）」のようなラテン語表記もその一種ともいえる。

4　表・計算式

　法令は文章で規定されるが、条文の中に「表」が用いられることがある。表は準用規定における読替表などで多用される。「表」が法令の末尾に置かれる場合には「別表」という形式で置かれる。条文に「注」が付くことはないが、表であれば「注」や「備考」などが使われることもある（株式会社日本政策金融公庫法別表第2等）。このほか、「別記」「付録」「様式」「図」等が用いられることがある。

　「図」は文章で表すことが難しい様式等を定める場合に用いられる。「図」を用いる例として、日本銀行券（日本銀行法第47条第2項、平成16年11月1日から発行を開始する日本銀行券1万円、5千円及び千円の様式を定める件（平成16年財務省告示第374号））、貨幣（通貨の単位及び貨幣の発行等に関する法律第6条、同法施行令第1条）、褒賞（褒賞条例第9条、褒賞の制式及び形状を定める内閣府令）、道路標識（道路法第45条第2項、道路標識、区画線及び道路標示に関する命令第3条）、制服（自衛隊法施行規則第16条）、国旗（国旗及び国歌に関する法律第1条）、楽譜（同法第2条）等

がある。

　計算式を表す場合「加える」「乗ずる」「減じる」などを用いて計算内容を文章で表現することが多く（例えば税法）、計算式が用いられることは少ない。計算式を用いる例として、自動車損害賠償保障事業賦課金等の金額を定める政令第1条、独立行政法人日本学生支援機構法施行令第2条第3項、地方交付税法第10条第2項等がある。なお、計算式は横書で表記されるものであるため、縦書の法令の中では右に90度回転した形で表記される。

　計算式を用いるほうが分かりやすいとして計算式を勧める質問に対して、「国民の権利義務に関する事柄については正確に書かなければならないということとの衝突がございます。また、法律に盛り込もうとする政策が複雑になってきますと、それに応じて法文もますます複雑にならざるを得ないという点もあるということではございますけれども、全くおっしゃることはそのとおりだと思いますので、今後、法令文の平易化、これは最大の努力をいたしたいと考えている次第でございます」[13]と答弁されているが、ワークブックでは「法令においては、図や式は、一般に用いられるものではなく、特に図や式をもって規定しなければ、規定がいたずらに複雑になり、あるいは正確に規定することが困難であると考えられる場合にのみ用いられる」とされており、計算式の採用が進んでいるようには思われない。

5　句読点

「現在の句点や読点に当たる符号は、古くから漢文の読解で使われてきたが、和文での句読点は、1600年ごろのキリシタン文献にみられるのが最も古い例とされる」[14]。「文語体時代の法令では、句点（「。」）というものは用いられなかったし、また、読点（「、」）は、名詞をつらねる場合などに限って用いられているにすぎなかった。口語体の法令になってからは、普通の文章と同じように、句読点を使うようになったが、その使い方は、一般の文章の例によるべきもので、法令だからといって特に変わったところはない」[15]。ワークブックでは「特に一般公用文における用法と異なるところがあるわけではないが、法令には表現の紛れを避けるための慣用ともいうべきものがある」とされる。

(1) 用いられ方

文章の終わりに句点（「。」）を付けるのは普通の文書と同じであるが、次のような慣用（ルール）がある。
・括弧書の文書についても「。」を付ける（「を除く。」「に限る。」「を含む。」「をいう。」「において同じ。」）。
・各号で名詞を掲げる場合など体言止めには「。」を付けない。ただし、文章が続くとき（「その者。以下…」「法律第○号。以下…」「書。ただし…」等）には「。」を付ける。

読点（「、」）は文章の途中で、文章の切れやかかり具合を明

らかにするために付けるが、次のようなルールがある。
・主語には「、」を付ける。
・「にあっては…」には「、」を付ける。ただし、複数規定する場合には付けない（「Aにあっては○○、Bにあっては△△」）。
・複数の名詞を並べて規定する場合、接続詞の前には「、」を付けない（「A及びB」「A、B、C及びD」等）。
・複数の動詞等を並べて規定する場合、接続詞の前には「、」を付ける（「～をし、又は～をする」「拒み、妨げ、又は忌避し」等）。

「…による○○」などの文では○○は名詞であり、「…による、○○」と「、」を打つことはしないが、複数の名詞が続く場合に「、」を打たないと最初の名詞にだけ「…による」がかかるようにみえることを避けるため（例1、例2）や、形容詞句を接続するため（例3）に、例外的に「、」を打つ場合もある。

例1　高度情報通信ネットワーク社会の形成は、情報通信技術の活用による、地域経済の活性化、地域における魅力ある就業の機会の創出並びに地域内及び地域間の多様な交流の機会の増大による住民生活の充実及び利便性の向上を通じて、個性豊かで活力に満ちた地域社会の実現及び地域住民の福祉の向上に寄与するものでなければならない（高度情報通信ネットワーク社会形成基本法第6条）

例2　開発途上地域の住民等に対する研修の実施その他の方法による、植林事業、野生生物の保護増殖事業、住民の日常生活に起因する公害の防止の事業その他の開発途上地域の住民

等が自ら行う環境の保全を図るための事業に必要な知識の提供（独立行政法人環境再生保全機構法施行令第1条第2号ロ）

例3　建設物、設備、原材料、ガス、蒸気、粉じん等による、又は作業行動その他業務に起因する危険性又は有害性等（労働安全衛生法第28条の2）

(2) 読点の位置

　文を分かりやすくするために読点（「、」）が付けられるが、「、」を付けるか否か、どの位置に付けるかはいわば立案者の感覚の問題といえる。しかし、「、」の有無、位置によって意味が異なりうる。例えば、「彼は叫びながら逃げる彼女を追いかけた」という文章は、「、」がなければ「彼は、叫びながら逃げる彼女を追いかけた」とも、「彼は叫びながら、逃げる彼女を追いかけた」とも読むことができ、叫んでいるのが彼なのか彼女なのかが異なる。

　「A又はBで、Xであるもの」は、「AでX」と「BでX」を意味する（例4）が、「A又はBでXであるもの」は、「AでX」と「BでX」（例5）と、「A」と「BでX」（例6）の2つの意味がありえる。後者の場合Aに「、」を付け「A、及びBでXであるもの」と規定すれば意味が明確となるが、名詞の後には「、」を付けないため文章から判断する必要がある。

例4　契約の締結又はその媒介、取次ぎ若しくは代理を行う業務（…）であって、内閣府令で定めるもの（保険業法第99条第2項第4号）

例5　建築物又はこれに附属する工作物であって居住その他の

使用がなされていないことが常態であるもの及びその敷地（…）をいう（空家等対策の推進に関する特別措置法第２条）

例6　この法律の施行の際現に交付されている免許証及びこの法律の施行の日（…）以後に更新された免許証であって当該更新に係る道路交通法第101条第１項に規定する更新期間の初日が施行日前であるものの有効期間については、なお従前の例による（平成５年法律第43号附則第３条第１項)

例７では、刃渡15cm以上の刃物が「類似する刃物」として本条の規制の対象となるかが争われた事例で、「刃渡15cm未満の」が「匕首」だけでなく「これに類似する刃物」にもかかる語句とされ、匕首（あいくち）に類似する刃物で刃渡15.1cmのものは規制の対象外とされた判例[16]がある。「匕首、又は」と「、」を付ければ、「刃渡15cm未満の」は、「類似する刃物」にはかからないとも考えられる。ただし、当時の旧銃砲刀剣類所持等取締令第１条では「「刀剣類」とは…刃渡15cm以上の刀、匕首、剣、やり及びなぎなたをいう」とあり、「刃渡15cm以上の」は「刀…なぎなた」にかかると解されることから、「、」があればその後の語句にかからなくなるというわけではない。また、名詞を２つ接続する場合には接続詞の前に「、」を付けないとされるため「匕首、又は」は適当ではないことにもなる。なお、旧銃砲刀剣類所持等取締令第15条は、昭和30年法律第51号により「あいくちに類似する刃物は、業務その他正当な理由による場合を除く外、携帯することができない」に改められた。

例7　刃渡15cm未満の匕首又はこれに類似する刃物は、業務その他正当な理由による場合を除く外、携帯することができ

ない（昭和30年法律第51号による改正前の旧銃砲刀剣類所持等取締令第15条）

※原文は「センチメートル」であるが「cm」と表記している。

　「政令で定めるところにより」は副詞句であるが、この後に「、」を付ける場合と付けない場合がある。例8では「政令で定めるところにより」は、「定める」（額）にかかるのか、「納めなければならない」（手続）にかかるのかが明らかでないが、額、手続のいずれも政令で定めうるように思われる。例9では「納めなければならない」にかかるのは明らかであるが、施行令では手数料の額も定めており、納付手続には手数料の額を定めることも含まれるとされる。すると「、」の有無にかかわらず意味が同じになる。これに対し例10では、手数料の額を定めることは別の政令で規定されており、「政令で定めるところにより」は手数料の額を定めることは対象としていないこととなる。

例8　指定調査機関が行う調査を受けようとする者は、<u>政令で定めるところにより</u>指定調査機関が主務大臣の認可を受けて定める額の手数料を当該指定調査機関に納めなければならない（電子署名及び認証業務に関する法律第36条第2項）

例9　第3項の登録の更新を受けようとする者は、<u>政令で定めるところにより、</u>手数料を納めなければならない（信託業法第7条第5項）

例10　開示請求をする者又は行政文書の開示を受ける者は、<u>政令で定めるところにより、</u>それぞれ、実費の範囲内において政令で定める額の開示請求に係る手数料又は開示の実施に係

る手数料を納めなければならない（行政機関の保有する情報の公開に関する法律第16条第1項）

　「正当な理由がなく」についても、この後に「、」を付ける場合と付けない場合がある。例11、例12では「正当な理由がなく」が直後の行為（「応じる」等）のみにかかり、その他の行為にはかかっていないようにみえるが、例13、例14では「、」を付けることで全ての行為にかかっているようにみえる。例15では「正当な理由がなく」は、これが必要な行為にそれぞれ規定される。

例11　第7条第1項の規定による資料の提出の求めに対し、<u>正当な理由がなく</u>これに応じず、若しくは虚偽の資料を提出し、又は同項の規定による質問に対して陳述をせず、若しくは虚偽の陳述をし、若しくは<u>正当な理由がなく</u>検査を拒み、妨げ、若しくは忌避した者は、30万円以下の罰金に処する（経済連携協定に基づく申告原産品に係る情報の提供等に関する法律第12条）

例12　支払基金は、保険医療機関等の管理者が、<u>正当な理由がなく</u>第1項の規定による報告の求めに応ぜず、若しくは虚偽の報告をし、又は<u>正当な理由がなく</u>同項の同意を拒んだときは、当該保険医療機関等に対する定期検査費又は母子感染防止医療費の支払を一時差し止めることができる（特定B型肝炎ウイルス感染者給付金等の支給に関する特別措置法第24条第3項）

例13　<u>正当な理由がなく、</u>第11条第1項の規定による立入調査を拒み、妨げ、若しくは忌避し、又は同項の規定による質問

に対して答弁をせず、若しくは虚偽の答弁をし、若しくは障害者に答弁をさせず、若しくは虚偽の答弁をさせた者は、30万円以下の罰金に処する（障害者虐待の防止、障害者の養護者に対する支援等に関する法律第46条）

例14　子ども手当は、受給資格者が、正当な理由がなくて、第32条第1項の規定による命令に従わず、又は同項の規定による当該職員の質問に応じなかったときは、その額の全部又は一部を支給しないことができる（平成23年度における子ども手当の支給等に関する特別措置法第9条）

例15　正当な理由がなくて第194条の3第1項の規定による報告をせず、若しくは虚偽の報告をし、又は同項の規定による当該職員の質問に対して、正当な理由がなくて答弁をせず、若しくは虚偽の答弁をし、若しくは正当な理由がなくて同項の規定による検査を拒み、妨げ、若しくは忌避した者は、30万円以下の罰金に処する（健康保険法第213条の3）

「遅滞なく」についても同様である。例16では「遅滞なく」の後に「、」を付けていなかったが、「遅滞なく」が「引き渡し」の語句にかかるためには「、」が必要として平成29年法律第74号により例17に改正された。また同法では例18を例19に改正している。遅滞なく行うべきなのは、決算報告書の作成のみか承認を求めることも含めるのかで意味が異なりうる。

例16　第24条第1項の設立の認可があったときは、発起人は、遅滞なくその事務を理事に引き渡さなければならない（旧農業災害補償法第27条）

例17　第30条第1項の設立の認可があったときは、発起人は、

遅滞なく、その事務を理事に引き渡さなければならない（農業保険法第33条）

例18　清算事務が終ったときは、清算人は、遅滞なく決算報告書を作り、これを総会に提出してその承認を求めなければならない（旧農業災害補償法第57条）

例19　清算事務が終わったときは、清算人は、遅滞なく、決算報告書を作り、これを総会に提出してその承認を求めなければならない（農業保険法第85条）

(3) 動詞等の並記

　動詞等を並べて規定する場合には接続詞の前に「、」を付けるとされるが、「、」を付けることで文が途切れ、意味がとりにくくなることもある。例20は次の①を意味するが②、③と理解する余地がある。④のように「、」を付けずに規定すれば①の意味がはっきりするようにみえ、さらに⑤のように「おそれ」を繰り返すことも考えられる。しかし、名詞（「おそれ」）を挿入したため「著しく」が「下落する」にもかかるのかという疑問が生じる。⑥のように規定すれば紛れはなく、さらに⑦のように規定すればよいが冗長になる。⑧のように動詞を動名詞化することも考えられるが、このような表記は日本語として適切ではなく、⑨のように「を」が必要とされ、また名詞にかかるため形容詞（著しい）とする必要がある。

例20　運賃及び料金が…著しく高騰し、又は下落するおそれがある場合（貨物自動車運送事業法第63条第1項）

①　「著しく高騰するおそれがある場合」又は「著しく下落す

るおそれがある場合」
② 「著しく高騰する場合」又は「下落するおそれがある場合」
③ 「著しく高騰するおそれがある場合」又は「下落するおそれがある場合」
④ 著しく高騰し又は下落するおそれがある場合
⑤ 著しく高騰するおそれ又は下落するおそれがある場合
⑥ 著しく高騰するおそれ又は著しく下落するおそれがある場合
⑦ 著しく高騰するおそれがある場合又は著しく下落するおそれがある場合
⑧ 著しく高騰又は下落するおそれがある場合
⑨ 著しい高騰又は下落をするおそれがある場合

　例21の場合、「おそれがあり」とは、「おそれがあるとき」か「おそれがあると認めるとき」かは明確ではないが、例22では「認めるとき」をそれぞれ規定し接続詞で結ぶことで明確となっている。

例21　児童虐待が行われるおそれがあり、又は当該児童の保護に支障をきたすと認めるとき（児童虐待の防止等に関する法律第12条第3項）

例22　指定の必要がなくなったと認めるとき又は指定を継続することが適当でないと認めるとき（種の保存法第36条第10項）

　動詞を接続詞で結ぶ場合に、「記録され、又は発信され、伝送され、若しくは受信される情報」（サイバーセキュリティ基本法第2条）、「公告し、又は公表しなければならない」（金商法第27条の7第1項）など動詞の活用形が同じであれば分かりやす

いが、活用形が異なる場合もある。「命令を制定し、又は改廃する場合」（塩事業法第35条）では、「制定し」は「制定する」の意味であり、「海上運送の用に供され、又は供されることとなる…埠頭」（港湾法第2条の2第1項）では「供され」は「供されている」の意味である。「介護サービスを利用し、又は利用しようとする要介護者等」（介護保険法第115条の35第1項）では「利用し」は「利用している」の意味であり、例23では「禁止し」「制限し」は「禁止する」「制限する」の意味である。これらのように文意が明らかな場合はよいが否定形が後に続く場合は分かりにくい。例24では「違反し、若しくは理由のないこと」は、「違反していないこと若しくは理由のないこと」の意味であるが、「違反していること」と逆の意味にとられる余地もある。

例23 届出に係る行為をすることを<u>禁止し</u>、若しくは<u>制限し</u>、又は必要な措置をとるべきことを命ずることができる（種の保存法第39条第2項）

例24 収用委員会は、第116条の規定による協議の確認の申請が法令の規定に違反せず、前項の規定による異議の申出がなく、又は異議の申出があつた場合においてその異議の申出が同項の規定に<u>違反し、若しくは理由のないこと</u>が明らかであり、且つ、協議の内容が第7章の規定に適合するときは、第116条第2項各号に掲げる事項について確認をしなければならない（土地収用法第118条第5項）

動詞等を接続詞で結ぶ場合であっても「、」を付けない例もある。例25では、「公示し、又は頒布する目的」とした場合に

「目的」にかからず「公示してはならない」の意味ととられかねないため、「公示し又は頒布する目的」として「、」が付けられていない。例26では、「提供し、」とした場合に「付与し、かつ、提供し」又は「閲覧に供する」の意味ととられかねないため「提供し又は」とされている。例27では、「100分の１以上」が減少にもかかるのが明確となるよう「増加し」の後に「、」を付けていない。これらのように「、」を付けないほうが条文の理解に役立つときには「、」を省略できるとされるものの、動詞等を接続詞で結ぶ場合には「、」を付けることが原則とされており、このことが条文の構造を分かりにくくしていると思われる。

例25　何人も、発行者…又は金融商品取引業者等の請託を受けて、公示し又は頒布する目的をもって…虚偽の記載をした文書を作成し、又は頒布してはならない（金商法第168条第２項）

例26　信用格付を付与し、かつ、提供し又は閲覧に供する行為（金商法第２条第35号）

例27　100分の１以上増加し又は減少した場合（金商法第27条の25第１項）

　副詞句を結ぶ場合も、「自己の故意の犯罪行為により、又は故意に」（原子爆弾被爆者に対する援護に関する法律第22条）、「裁判所若しくは裁判官の裁判により、又は裁判の執行としてされる処分」（行政手続法第３条第１項第２号）のように、「、」を付けるのが原則であるが、「申立てにより又は職権で」（非訟事件手続法第７条等）、「書面により又は実地に」（総務省設置法第６条第３項）と「、」を付けない例も多い。

「、」を付けないなど文章を工夫する場合には主語や形容詞が後の動詞にかかるのかという問題がある。例28は「物又は…災害」が「発生するおそれがある場合」又は「発生した場合」という意味であるが、この規定を「災害が発生するおそれがある場合又は発生した場合」と規定した場合には、「物又は…災害」が「発生した」にかかるとしてよいかが問題となる。例29では主語（「下水が」）の後に「、」を付けることで主語が接続詞の後の「困難にする」にかかるとしている。しかし、例30では主語（「植物が」）が接続詞の前後それぞれで規定されている。社会保障に関する日本国とフィリピン共和国との間の協定（平成30年条約第2号）等では、英文を「法令の適用を受けている者又は受けたことがある者」と訳していたが、「適用を」が「受けた」にはかからない疑義があるとして、令和元年条約第1号等では、同一の英文を「法令の適用を受けており、又は受けたことがある者」と訳している。

例28　核燃料物質若しくは核燃料物質によって汚染された物又は原子炉による災害が発生するおそれがあり、又は発生した場合（核原料物質、核燃料物質及び原子炉の規制に関する法律第64条第1項）

例29　下水が、著しく当該流域下水道の施設の機能を妨げ、若しくは当該流域下水道の施設を損傷するおそれがある場合又は当該流域下水道からの放流水の水質を…技術上の基準に適合させることを著しく困難にするおそれがある場合（下水道法第25条の28第1項）

例30　電気事業者は、植物が電気事業の用に供する電線路に障

害を及ぼし、若しくは及ぼすおそれがある場合又は植物が電気事業の用に供する電気工作物に関する測量若しくは実地調査若しくは電気事業の用に供する電線路に関する工事に支障を及ぼす場合（電気事業法第61条第1項）

(4)　「こと」「とき」

各号で名詞を掲げる場合など体言止めには句点（「。」）を付けないことは(1)で述べたが、例外があり、「こと」「とき」で終わるときには「。」を付けることとされる（例31、例32）。しかし、さらに例外があり、「次の各号に掲げる〇〇の区分に応じ、当該各号に定める△△」等と規定される場合の、各号に掲げる語句が「こと」「とき」で終わるときには「。」を付けないとされる（例33）。同じ条項中の号の列挙事項に「…の場合」と「…のとき」の両方の表現が併存する場合には、「場合」と「とき」とで区別する必然性が感じられないにもかかわらず、「場合」「とき。」と規定され、平仄がそろわない感がある。

例31　「為替取引を行うこと。」（銀行法第2条第2項第2号）

例32　「銀行業の全部を廃止したとき。」（銀行法第41条第1号）

例33　銀行法

　第12条の3

　　3　第1項の規定は、次の各号に掲げる場合の区分に応じ、当該各号に定める期間においては、適用しない。

　　　一　第1項第1号に掲げる場合に該当していた場合において、同項第2号に掲げる場合に該当することとなったとき　第52条の83第1項の規定による…時に、同号に定め

る措置を講ずるために必要な期間として内閣総理大臣が
　　定める期間
　各号で「こと」「とき」を掲げて規定する場合になぜ「こと。」「とき。」と「。」を付けるのかは不明である。法令文の簡素化の観点からは他の名詞と同様に「。」を付けなくともよいと思われるが、このルールが定着しており、「。」を打たないとするルールの変更に伴う改正に要する手間や改正洩れの危険性に鑑みこのルールが継続されている。
　例33のように１字の空白を置く場合には原則に戻って「。」を付けないとされる理由は、ワークブックでは、１字の空白の前の「とき」で終わる部分が柱書の「次の各号に掲げる」に、空白の後の部分が柱書の「当該各号に定める」にそれぞれ対応しており、単に語句が続いているのではないからとされる。これは体言止めであっても文章が続くときには「。」を付けるルールとの比較であり、各号で「こと」「とき」を掲げて規定する場合に「。」を付けるルールの例外となる説明とは思えない。理由はともかく、「。」を付けないルールが望ましく、近時の新規立法は１字の空白を置く場合には「。」を付けないルールに従っている。ただし、１字の空白を置く場合であっても「。」を付ける場合も多く（例34）、銀行法ではルールが混在している（例33、例34）。なお、１字空けの場合に「とき。」とされているものについて「とき」とする改正も行われている（令和元年法律第37号第154条による不動産の鑑定評価に関する法律（第19条各号部分）の改正、平成31年法律第６号第１条による所得税法（第203条（改正後第203条の５）第２号部分）の改正等）。

「こと」「とき」に「。」を付けるルールに影響を受けてか、「もの。」（金融機関再建整備法第25条５第４項第２号）、「場合。」（警察官職務執行法第７条第１号、第２号）とする例もある。

　複数の名詞を並べて規定する場合に接続詞の前には「、」を付けないことも⑴で述べたが、「こと」「とき」については例外として「、」を付けることが行われている（「こと、又は…こと」（金商法第23条第１項））。なぜ「こと」「とき」に「、」を付けるのか不明であるが、各号で掲げる場合に「こと。」「とき。」とするルールの影響で「こと」「とき」は特別な取扱いと理解されているとも思われる。特に「とき」については、条件節には「、」を付けることから「とき」を条件節と捉えて「、」を付けていることも考えられる。しかし、条件節であっても「場合」については接続詞の前に「、」を付けるのは例外である（「場合、若しくは」（信託業法第５条第２項第８号ニ））。

　「とき」については、接続詞（「及び」等）の前に「、」を付ける例が付けない例よりも多く、「その他」についても「とき、その他」とする例が「ときその他」の例と拮抗している。「こと」については接続詞の前に「、」を付けない例が多く、「こと、その他」とするのは例外的である。接続詞の前の「こと」「とき」にも「、」を付けることを原則とする考え方もありえるが、「。」を付ける理由が不明である。他の名詞と同じ扱いとして「、」を付けないのを原則とすることが適当と思われる。

例34　銀行法
　第52条の52　銀行代理業者が次の各号のいずれかに該当することとなったときは、当該各号に定める者は、その日から

30日以内に、その旨を内閣総理大臣に届け出なければならない。

一　銀行代理業を廃止したとき、又は会社分割により銀行代理業の全部の承継をさせたとき、若しくは銀行代理業の全部の譲渡をした<u>とき。</u>　その銀行代理業を廃<u>止</u>し、又は承継をさせ若しくは譲渡をした個人又は法人

(5)　「・」（なかてん、なかぽつ）

「・」（なかてん、なかぽつ）は、1つの文の中で、語と語の区切りを明瞭にするために用いる符号であり、イ)名詞やそれに準ずる語を並列するときにそれぞれの語と語を区切る場合（「日・米・中の3カ国」等）、ロ)複合語や連語の中で同格で並列される固有名詞の間を区切る場合（「中日・巨人戦」等）、ハ)外来語、和製英語、外国語をカタカナで表記するときに語と語の間を区切る場合（「インフォームド・コンセント」等）等に用いられる[17]。法令上の「・」のルールについて書いたものは見当たらないが、「公用文作成の考え方」（令和4年1月7日文化庁文化審議会）では「並列する語、外来語や人名などの区切り、箇条書の冒頭等に用いる」とされる。

法令における上記ハの例として「インターネット・オブ・シングス」等があるが、「デジタルプラットフォーム」「サイバーセキュリティ」等には「・」が付けられていない。外来語としての習熟度かもしれないが不明である。また、ロの例として「スポーツ・レクリエーション活動」「科学技術・イノベーション」「電力・ガス取引監視等委員会」「独立行政法人石油天然ガ

ス・金属鉱物資源機構」等があり、法律の題名においても、PTA・青少年教育団体共済法、食料・農業・農村基本法、まち・ひと・しごと創生法等がある。固有名詞については、「及び」よりも結ばれる語が密接不可分で一体的意味を持っているとして「・」を用いていると思われるが、法律の題名は法律の内容を表すものであり、国旗及び国歌に関する法律のように「及び」を用いれば足り、「・」を用いる必要性は少ないと思われる。

　法令では、このほか縦書の場合の数字の表記、共同府省令の名称、目次において2つの条を示す場合などに用いられる。共同府省令では、「○○省令・△△省令」とする例と「○○省・△△省令」とする例があり、府省と府省を同格とみるか、府省令と府省令を同格とみるかが分かれている。数字の表記は縦書の場合「百分の一・四」のように規定されるが、横書の場合は「21.5」のように「・」は用いられない。目次においては「・」と「－」（ハイフン）は区別される。高齢者、障害者等の移動等の円滑化の促進に関する法律は目次が「第1条・第2条」であったが、平成30年法律第32号による改正で第1条の2が加えられ「第1条－第2条」に改正されている。

6　接 続 詞

(1)　用いられ方

　接続詞は、文と文、節と節、句と句、語と語などの関係を示

す品詞である。日常生活では「か」「や」等も用いられ、「および」「または」等のひらがな表記も用いられるが、法令においては漢字表記の「及び」「又は」等が用いられる（ひらがなの表記の法令もある（「文字およびその特許番号」（特許法施行規則第68条）等）。

　接続詞は構成要素が同じもの（名詞と名詞、動詞と動詞など）が結ばれる。ただし、構成要素が同じものとはいえない例もある。例35では、「違反するとき」と「不公正なとき」とが対峙するが、動詞（「違反する」）に形容詞（「不公正な」）が対応している。

　「及び」と「並びに」、「又は」と「若しくは」は厳格に使い分けて用いられ、法文の意味を明確にしようとされている。日常生活では「Ａ、Ｂ、Ｃ」と接続詞を用いない表記もあるが、法令上では「Ａ、Ｂ及びＣ」「Ａ、Ｂ又はＣ」のように必ず接続詞が用いられる。ただし、「その他」「その他の」の前に、複数の事項を並列して挙げる場合には「Ａ、Ｂ、Ｃその他」として接続詞が用いられない（5(1)参照)。

例35　社員総会等の招集の手続又は決議の方法が法令若しくは定款に違反し、又は著しく不公正なとき（一般社団及び一般社団に関する法律（以下「一般社団財団法」という）第266条第1項第1号)

(2)　「及び」「並びに」

　これらは複数の事項を並列的な関係（ＡとＢ）を表す接続詞といわれる。２つの事項を接続する場合には「及び」を用い

る。3つ以上の事項を接続する場合には、接続するものを階層に分けて考え、全てのものが同じ階層であればその中では「及び」を用いる。階層が異なれば最下位の階層において事項を接続するときに「及び」を用い、上位の階層においては「並びに」を用いる（イメージ図）。例えば次の①～③のように表記され、四角に囲った部分が1つのグループとして階層が認識される。なお、法令の題名を列挙する場合に、題名中に「及び」が用いられているときには固有名詞であることから階層としてカウントしない（例えば出入国管理及び難民認定法及び法務省設置法の一部を改正する法律（平成30年法律第102号））。

（イメージ図）

① 2つの事項を接続する場合
　A及びB
② 3つの事項を接続する場合
　A、B及びC
　A及びB並びにC
③ 4つの事項を接続する場合
　A、B、C及びD
　A、B及びC並びにD

A及びB並びにC及びD
　　A及びB並びにC並びにD

　例36では、項が最上位の階層であり、下に号、さらに下にイ、ロがあり、イとロを「及び」で結び、号を「並びに」で結び、項を「並びに」で結んでいる。また、例37では、「有価証券の種類、銘柄、数及び価格」と「売買の別、方法及び時期」の2つのグループがあり、各グループは同格であり「並びに」で結び、グループ中では「及び」で結んでいる。

　「及び」「並びに」の使い分けを手がかりに条文の構造を理解することができるといわれる。例38では、接続詞の用い方から「これらの規定」は「第20条及び第23条」を指すものであり、第6条も含めてこれらの規定とするのであれば「第6条、第20条及び第23条」と規定される。この条文は、「第6条、第20条（…において準用する場合を含む。）及び第23条（…において準用する場合を含む。）」と規定すればより明確であるが、準用する規定が同じであり、このように規定することは冗長と考えられている。

　どの事項がグループを構成し、どのグループがどの階層にあると考えるかは立案者次第である。例39では「事務所」と「事業所」は同格であるが、例40では「主たる事務所」と「事業所」は区別され、「事務所」は工場、店舗と同格である。

例36　第1項第2号イ及びロ並びに第3号、第2項、第3項並びに前2項に規定する開示（金商法第4条第7項）

例37　投資の対象となる有価証券の種類、銘柄、数及び価格並びに売買の別、方法及び時期についての判断（金商法第2条

第 8 項第11号ロ）

例38 特別児童扶養手当等の支給に関する法律第 6 条並びに第20条及び第23条（これらの規定を…において準用する場合を含む。）…の規定に基づき（国民年金法施行令等の一部を改正する政令（平成29年政令第294号）制定文）

例39 事務所、事業所、倉庫、ほ場、工場その他の場所（特定農林水産物等の名称の保護に関する法律第34条第 1 項）

例40 その主たる事務所並びに事業所、工場及び店舗（日本農林規格等に関する法律施行令第21条第 1 項第 1 号イ）

(3) 「かつ」

「かつ」は、「及び」「並びに」とともに並列的な関係を表す接続詞として用いられるが、ワークブックでは「特に決まった用法はない。ただ、連結される語が互いに密接不可分で、両方の語を一体として用いることによりその意味が完全に表せるような場合には、そのときの語感から、「かつ」で連結されることが多い」とされる。「必要かつ適当である」（金商法第11条第 1 項）、「必要かつ適当なもの」（同法第 5 条第 7 項）、「真実かつ正確であり」（同法第23条第 1 項）、「公正かつ誠実に」（公認会計士法第 1 条の 2 ）、「確実かつ有利な運用」（財政融資資金法第 1 条）、「円滑かつ確実な実施」（消費者安全法第12条第 5 項）、「一般的かつ継続的に弁済する」（民法第424条の 3 第 1 項第 1 号）のような用法がこれに当たる。「記録し、及び公表しなければならない」（原子力災害対策特別措置法第11条第 7 項）と「通知し、かつ、公表しなければならない」（金商法第193条の 2 第 8 項）を

比べれば、「かつ」を用いるほうが2つの行為が必要であることが強調されていると感じられる。そのためか、例41のように要件に関し文と文を結ぶ場合に多く用いられている。

例41 銀行法

第4条

2　内閣総理大臣は、銀行業の免許の申請があったときは、次に掲げる基準に適合するかどうかを審査しなければならない。

一　銀行業の免許を申請した者が銀行の業務を健全<u>かつ</u>効率的に遂行するに足りる財産的基礎を有し、<u>かつ</u>、申請者の当該業務に係る収支の見込みが良好であること。

二　申請者が、その人的構成等に照らして、銀行の業務を的確、公正<u>かつ</u>効率的に遂行することができる知識及び経験を有し、<u>かつ</u>、十分な社会的信用を有する者であること。

⑷　「又は」「若しくは」

これらは複数の事項の選択的な関係（AかB）を表す接続詞といわれる。2つの事項を接続する場合には「又は」を用いる。3つ以上の事項を接続する場合には、接続するものを階層に分けて考え、全てのものが同じ階層であればその中では「又は」を用いる。階層が異なれば最上位の階層において事項を接続するときには「又は」を用い、下位の階層においては「若しくは」を用いる（イメージ図）。例えば次の①～③のように表記される。四角に囲った部分が1つのグループとして階層が認識

される。

(イメージ図)

① 2つの事項を接続する場合
　A又はB
② 3つの事項を接続する場合
　A、B又はC
　A若しくはB又はC
③ 4つの事項を接続する場合
　A、B、C又はD
　A、B若しくはC又はD
　A若しくはB又はC若しくはD
　A若しくはB若しくはC又はD

「又は」「若しくは」の使い分けを手がかりに条文の構造を理解することができることは「及び」「並びに」と同様であり、どの事項がグループを構成し、どのグループがどの階層にあると考えるかは立案者次第であることも同様である。例42では、「新築、増築、改築若しくは移転」「外観を変更することとなる修繕若しくは模様替」「色彩の変更」の3つのグループに分け、これらを「又は」で接続している。色彩の変更も外観の変更の

１種と考えれば２つのグループとなり、「外観を変更することとなる修繕、模様替若しくは色彩の変更」と規定することもできる。例43は「これ」（下線部分）が区画整理を指しているのであれば、「変更又は区画整理若しくはこれに附帯して」と規定されるべきであり、土地改良法施行令第50条第７項でも「土地改良事業又は当該区画整理若しくはこれに附帯して」と規定されている。平成29年政令第89号により「これ」は「これら」に改正されている。

例42　建築物の新築、増築、改築若しくは移転、外観を変更することとなる修繕若しくは模様替又は色彩の変更（景観法第16条第１項第１号）

例43　農業用用排水施設若しくは農業用道路の新設若しくは変更若しくは区画整理又はこれに附帯して施行することを相当とする土地改良事業（平成29年政令第89号による改正前の土地改良法施行令第50条第４項）

(5)　「あるいは」「ないし」

「又は」「並びに」に類似する接続詞として「あるいは」がある。広辞苑では「(同種の事柄のうち、どれか１つという意を示す)または。もしくは」とされ、肝炎対策基本法前文、国家公務員法第２条第３項第９号等で用いられているが、法令では原則として用いない。また、「乃至」「ないし」という語があり、「〜から〜まで」という大まかな範囲を示す表現や選択肢を列挙する場面で用いられる。前者の例に戸籍法第23条の例があるが現在は使用しないとされ、「〜から〜まで」が用いられる。後者

の例に中央省庁等改革基本法第20条第8号があるが、これも現在は用いられない。

⑹ 「及び」と「又は」の使い分け

　「及び」は並列的な関係を表す接続詞であるが、並列的な関係とはＡ、Ｂそれぞれのいずれについても、という意味である（例44、例45）。例44、例45の場合には各項がバラバラに適用されるとしても問題はないが、例46の場合、「及び」がいずれについてもの意味であれば、内閣総理大臣、財務大臣がそれぞれ単独で権限を行使できることとなる。「及び」にはＡとＢが一体でという意味もあり、例46は各大臣が一体での意味である。単独で権限を行使できる場合には「又は」が使用される（例47）。例48は「又は」「及び」を書き分けており、一体で権限を行使することが前提の上で、それぞれが単独で行使できる旨を規定する例もある（例49）。

　「又は」は選択的な関係を表す接続詞であるが、選択的とはＡかＢのいずれか１つという意味である。例49の第63条の41第３項ではいずれかの大臣という意味で「又は」を用いている。「申込みをする者の氏名又は名称」（金商法第101条の10第２項第１号）では、申込みをする者が個人であれば氏名、法人であれば名称という意味であり、氏名と名称のいずれかとなる。しかし、例50では取消しと業務停止、解任の命令のどれかしかできないわけではない。また、第３号か第４号の２つのいずれの要件にも該当する場合が除かれるわけではない。「又は」には、Ａ、Ｂそれぞれのいずれについてもの意味があり、これは英語

の「and/or」に当たるといわれる。

例44　設立当初の役員の任期は、第1項及び第2項の規定にかかわらず、創立総会において定める期間とする（信用金庫法第35条の2第4項）

例45　当該通知に係る縦覧書類の写しについては、第2項及び第3項の規定は、適用しない（金商法第27条の14第7項）

例46　内閣総理大臣及び財務大臣は、公益又は投資者保護のため必要かつ適当であると認めるときは、…監督上必要な命令をすることができる（金商法第79条の75）

例47　総務大臣又は財務大臣は、…受託金融機関の事務所その他の事業所に立ち入り、業務の状況若しくは帳簿、書類その他の物件を検査させることができる（国立研究開発法人情報通信研究機構法第20条第1項）

例48　内閣総理大臣又は内閣総理大臣及び財務大臣は、前項の規定による調査について、公務所又は公私の団体に照会して必要な事項の報告を求めることができる（金商法第187条第2項）

例49　資金決済に関する法律（以下「資金決済法」という）

第63条の41　この章における主務大臣は、次の各号に掲げる場合の区分に応じ、当該各号に定める大臣とする。

　一　為替取引分析業者が第2条第18項第1号に掲げる行為を業として行う場合　内閣総理大臣及び財務大臣

3　第1項第1号に掲げる場合において、第63条の35第1項及び第2項に規定する主務大臣の権限は、内閣総理大臣又は財務大臣がそれぞれ単独に行使することを妨げない。

例50　社債、株式等の振替に関する法律（以下「振替法」という）

　第22条　主務大臣は、振替機関が次の各号のいずれかに該当するときは、第3条第1項の指定若しくは第9条第1項ただし書の承認を取り消し、6月以内の期間を定めてその業務の全部若しくは一部の停止を命じ、又はその取締役、会計参与、監査役若しくは執行役の解任を命ずることができる。

　　一　第3条第1項第3号又は第4号に掲げる要件に該当しないこととなったとき。

　このため、それぞれのいずれについてもの意味で接続詞を用いる場合には、「及び」「又は」のどちらも用いることができることとなる。「現在の立法例では、この場合には、原則として、「又は」を使うことになっている」[18]、「文脈が単純であり、用語を並列的に結びつけるだけのときには、「又は」が用いられる」[19]、「主語では原則として「及び」を用いる。反対に、それが目的語となる場合は、原則として「又は」を用いるものとされている」[20]、「AとBを抽象的、包括的にとらえようとする場合は、「A又はBは、Cのことをしてはならない」とはせずに、「A及びBは、Cのことをしてはならない」というようにする方の例が多い」[21]などとされるがルールは定かではない。例51と例52、例53と例54はそれぞれ同じことを規定しているが、「及び」と「又は」が用いられている。例55では、柱書では「配偶者、子、父母、孫、祖父母及び兄弟姉妹」と「及び」が用いられ、第4号では「夫、子、父母、孫、祖父母又は兄弟姉

妹」と「又は」が用いられている。口語化される前の旧民法の「医師、産婆及ヒ薬剤師ノ治術、勤労及ヒ調剤ニ関スル債権」（第170条第１号）、「生徒及ヒ習業者ノ教育、衣食及ヒ止宿ノ代料ニ関スル校主、塾主、教師及ヒ師匠ノ債権」（第173条第３号）は、民法の一部を改正する法律（平成16年法律第147号）で、それぞれ「医師、助産師又は薬剤師の診療、助産又は調剤に関する債権」（第170条第１号）、「学芸又は技能の教育を行う者が生徒の教育、衣食又は寄宿の代価について有する債権」（第173条第３号）に改正された（現在は平成29年法律第44号による改正でともに「削除」とされている）。

　ＡとＢのいずれについても適用しないとする場合は、例45のように「及び」が用いられることが多い。ＡとＢを「含む」「除く」場合についても、「Ｘ（Ａ及びＢを含む。）」「Ｘ（Ａ及びＢを除く。）」と「及び」を用いるのが基本であるが、例56、例57のように「又は」を用いる例もある（下線部分参照）。

　「及び」「又は」の使い分けについては、「結局語感によってきめるほかない」[22]とされるように、実際には立案者の感覚で使い分けが行われていると思われる。例55の第４号で「又は」が用いられているのは、「及び」を用いると夫など全ての者が障害の状態であることが必要なようにみえるのを避けたように思われる。児童手当の要件の１つに「父母等又は父母指定者のいずれにも監護されず」（児童手当法第４条第１項第３号）とあるが、これを「父母等及び父母指定者に監護されず」と規定するのは、父母等指定者がいることが前提であり、父母等指定者からも監護されないことが要件のようにみえるのを避けたのか

例51　保険管理人及び保険管理人代理は、その職務上知ることのできた秘密を漏らしてはならない（保険業法第247条の３）

例52　認可協会の役員若しくは職員又はこれらの職にあつた者は、その職務に関して知り得た秘密を漏らし、又は盗用してはならない（金商法第72条第１項）

例53　第１項及び第２項の規定による権限は、犯罪捜査のために認められたものと解してはならない（銀行法第25条第４項）

例54　第１項又は第２項の規定による権限は、犯罪捜査のために認められたものと解釈してはならない（電気事業法第25条の３第４項）

例55　国家公務員災害補償法

第16条　遺族補償年金を受けることができる遺族は、職員の配偶者、子、父母、孫、祖父母及び兄弟姉妹であつて、職員の死亡の当時その収入によつて生計を維持していたものとする。ただし、妻（婚姻の届出をしていないが、事実上婚姻関係と同様の事情にあつた者を含む。以下同じ。）以外の者にあつては、職員の死亡の当時次に掲げる要件に該当した場合に限るものとする。

　四　前３号の要件に該当しない夫、子、父母、孫、祖父母又は兄弟姉妹については、人事院規則で定める障害の状態にあること。

例56　第77条第１項（第34条第１項、第38条又は第126条において準用する場合を含む。）又は第209条第３項の規定による報告を拒み、又は虚偽の報告をしたときも、前項と同様とする

（会社更生法第269条第2項）

例57 業務（金融商品取引業<u>又は</u>登録金融機関業務に限る。）を休止し、又は再開したとき（第30条第1項の認可を受けた金融商品取引業者にあっては、当該認可に係る業務を休止し、<u>又は</u>再開したときを含む。）（金商法第50条第1項第1号）

(7) 各号列記と「及び」「又は」

　事項を列挙する場合に接続詞を用いず、各号に掲げて規定すること（例41、例55等）で条文が分かりやすくなり、他の条文において「第〇条第△号に掲げる要件」のように語句の特定が簡単になり、「及び」「並びに」、「又は」「若しくは」の使い分けも避けられる。

　各号に要件や場合等を掲げて規定し、その要件等に該当する場合などを規定するときに「次に掲げる要件に該当する」では全ての要件を満たす必要があるか否かが必ずしも明らかではないとして「全て」「いずれ」を用いることがある（第4章5(2)参照）が、各号のうち複数の号を取り上げる場合には、「及び」を用いればいずれの要件も満たすことが必要であること（例58）、いずれの要件にも該当しないことが必要であること（例59）は当然とされる。例えば、消費税法施行令第18条第2項第2号、第3号は「イ及びロに掲げる要件の全てを満たし」と規定されていたが、「及び」を用いているからとして、令和2年政令第114号による改正で「イ及びロに掲げる要件を満たし」に改められている。ただし、「及び」を用いても「全て」「いずれにも」を用いる例もある（「第1号並びに第2号イ及びロに掲

げる措置のすべて」（米穀の新用途への利用の促進に関する法律第2条第7項）、「第57条の20第1項第1号及び第4号のいずれにも該当しないことを誓約する書面」（金商法第57条の13第2項第1号））。

また、「第3条第1項第3号又は第4号に掲げる要件に該当しない」（振替法第22条第1項第1号）、「第6条第4項第1号ロ若しくはハ、同項第2号ハ若しくはニ又は同項第3号ハ若しくはニに定める要件に該当しないこととなる事実」（租税特別措置法第4条の2第9項）のように、「又は」を用いれば1つにでも該当しないとの意味は明らかとされる。ただし、「次のイ又はロのいずれかに該当し」（税理士法第24条第6項）のように、イロハを用いる場合には、「又は」を用いても「いずれか」が用いられる場合が多い。

例58 前条第1項第3号及び第4号に掲げる要件に該当すること（金商法第156条の40第2項第1号）

例59 第33条の5第1項第1号及び第2号に該当しないことを誓約する書面（金商法第33条の3第2項第1号）

《注》
1 平成21年3月31日第171回参議院質問主意書第89号に対する政府答弁書。
2 令和2年11月6日「金融行政の英語化及びワンスポット化について」金融庁。
3 昭和21年4月18日「法令の文体等に関する内閣の指示と説明」内閣書記官長通知。
4 昭和56年3月11日第94回参議院予算委員会における岩上委員の質問に対する角田政府委員の答弁。
5 平成11年6月15日第145回国会参議院質問主意書第19号に対す

る政府答弁書。
6 堀籠幸男「カタカナ語」時の法令2037号巻頭言（朝陽会、2017年）。
7 昭和39年3月4日第46回衆議院科学技術振興対策特別委員会関政府委員。
8 大森政輔『20世紀末期の霞ヶ関・永田町：法制の軌跡を巡って』254頁（日本加除出版、2005年）。
9 前掲注8と同じ。
10 平成22年6月14日第174回衆議院質問主意書第579号「法律の整理に関する質問主意書」提出者橘慶一郎。
11 田島信威『法令入門［第3版］―法令の体系とその仕組み』186頁（法学書院、2008年）。
12 山本庸幸「実務立法演習」21頁（商事法務、2006年）。
13 平成11年3月2日第145回参議院予算委員会大森政府委員。
14 小学館辞典編集部『句読点、記号・符号活用辞典。』45頁（小学館、2007年）。
15 林修三『法令作成の常識［第2版］』52頁（日本評論社、1975年）。
16 最三小判昭和31年4月10日（刑集10巻4号520頁）。
17 小学館辞典編集部・前掲注13・19頁、20頁。
18 林修三『法令用語の常識［第3版］』11頁（日本評論社、1986年）。
19 田島信威編著『立法技術入門講座［第4巻］』27頁（ぎょうせい、1988年）。
20 礒崎陽輔『分かりやすい法律・条例の書き方［改訂版（増補2）］』77頁（ぎょうせい、2021年）。
21 前掲注18と同じ。
22 前掲注18と同じ。

第2章

条文の構造

1　条

　法令は箇条書の形をとっており、箇条書の1つに相当するものが「条」とされる。1つの事項は1つの条で規定するのが原則であり、規定すべき事項が複数ある場合には複数の条が設けられ、各条には「第一条」「第二条」と漢数字を用いた条番号が付けられる。条番号は本則と附則を区別してそれぞれ第1条から書き始めるが、古い法律では附則の条番号が本則からの通し番号となっているものがある。

　法令文は完結した1文で規定するのが原則であるが、2以上の文（A。B。）で構成される場合もある（例1〜例3）。2文とするのは前の文の内容を限定・拡大するような内容を後の文で規定する場合に用いられる。2つの文のいずれかを特定する場合、前の文(A)は「前段」、後の文(B)は「後段」と呼ばれる。Bが「ただし、…。」と規定される場合には、Aは「本文」、Bは「ただし書」と呼ばれる。Bが「この場合…」と規定される場合には「ただし、この場合において」と重複して規定することはしない（興行場法第2条第2項等の例外もある）。前段、後段を「また」という接続詞で結ぶことは原則として行われないが、生物多様性基本法、スポーツ基本法などの前文において「また」で結ぶことが行われている。法令文が3つの文で構成される場合（公職選挙法第24条第2項）は、「前段」、「中段」、「後段」となり、4つの文で構成される場合（国立国会図書館法第9条）は「第1段」「第2段」…となるが、3つ以上の文章

で法令文を規定することは原則として行わない。また、複数の文が句点（「。」）で区切られず、1つの文として構成される場合（例4）に、「第1段」「第2段」…とするものもある。[1]

「本文」「ただし書」「前段」「後段」の表記は、法令文においてある語句が所在する箇所を特定する場合に用いられるが、法令文中で「中段」と規定するのは関税定率法の別表中の注の1例だけであり、「第1段」と規定する例もない。

例1　暗号資産交換業者が暗号資産交換業の全部を廃止したときは、当該暗号資産交換業者の第63条の2の登録は、その効力を失う。この場合において、当該暗号資産交換業者であった者は…なお暗号資産交換業者とみなす（資金決済法第63条の20第1項）

例2　業務上必要な注意を怠り、よって人を死傷させた者は、5年以下の懲役若しくは禁錮又は100万円以下の罰金に処する。重大な過失により人を死傷させた者も、同様とする（刑法第211条）

例3　認可協会は、その定款において…金融商品取引業者は何人も協会員として加入することができる旨を定めなければならない。ただし、金融商品取引業者の地理的条件又は業務の種類に関する事由により、協会員の加入を制限する場合は、この限りではない（金商法第68条第2項）

例4　当該権利を当該有価証券とみなし、…当該電子記録債権を当該有価証券とみなし、次に掲げる権利は…有価証券とみなして、この法律の規定を適用する（金商法第2条第2項）

2　項

　１つの条において、内容に従って区分する必要がある場合には、異なる文として別の行から書き出す方法がとられる。このように条の中で別の行で区分される段落を「項」といい、各項には「1」「2」と算用数字を用いた項番号が付けられる。項も１文で完結するのが原則である。

　古い法律では行を変えるだけで項を区切り、行の初めの字を１字下げないものや、１字下げるが項番号を付けないものがある。項番号が付けられるのは、政府職員の新給与実施に関する法律（昭和23年法律第46号）から確認できる。なお、項番号がない法令に「②」「③」等の番号が付けられている場合がある（例９）が便宜上のものである。

　附則など項だけの場合には第１項に項番号「1」が付けられるが、条においては第１項には項番号は付けられない。これは、「「項」は１つの規定の中の文章の区切りにすぎないもので、「条」や「号」ほど独立した存在ではない」「「項番号」は、「第何条の第何項」といわれた場合に、すぐにその「第何項」を見付けることができるようにと、いわば便宜上付けられた符号のようなもの」[2]であるとされるため第１項には不要とされていたと思われる。

　「項」に対する考え方は改め文に現れる。項番号のない法令に「項」を新しく加える場合、例えば、第２項と第３項との間に新しく項を１つ加える場合には、第２項の次に１項を加える

ことによって当然に第3項は第4項に下がり、新しく加える項は第2項の次に入り第3項になる、と考えて改め文が作られる。項番号がある法令の場合には、まず「第〇条中第3項を第4項とし」とし、次に「第2項の次に次の1項を加える」というように、条番号を移動させる必要がある。新旧対照表方式による改正の場合このようなことを観念する必要はないが記載上の問題がある。例えば第1項を第2項とし、新しく第1項を追加するときには、新旧対照表の改正前欄において第1項の文を「第〇条」という条番号と切り離して、項番号を付けずに文が記載される。「①」が付けられる場合もあるが、隠れていた項番号「1」が現れると考えて「1」を記載するのかもしれない。

3　条か、項か

　2つの文に関係性があるときには後段で「この場合において」（例1）と規定されるが、項を分けて「前項の場合において」と規定すること（例5、例6）、条を分けて「前条の場合において」と規定すること（例7）もできる。後段とするか、項を分けるか、条を建てるか明確な定めがあるわけではない。

　項の数に制限はないが、内容に応じて条に分け、さらに条の中で項に分けることから、やたらに項の数が多くなることはかえって法令の内容の理解と規定の検索、引用の便を害するとされる。しかし、租税特別措置法や同法施行令では、1つの租税特別措置については1つの条で規定し、条の中で要件等を全て

規定することから項の数が多くなりがちであり、例えば同法施行令第40条の7は第74項まである。

　昭和30年頃までの法律では、附則においては規定の数が多くなっても項とすることが多かったが、近年は、附則において規定が3つ以下の場合には項建てとし、3つよりも多い場合には条建てとされる傾向にある。平成30年政令第231号では附則は規定が4文あるが、本則が1文で項建てとされているためバランス上項建てとされている。

例5　<u>前項の場合において</u>、同項の有価証券が発行登録をされた有価証券であるときは…内閣府令で定める行為をしてはならない（金商法第27条の4第2項）

例6　<u>前項の場合には</u>、犯人が所有し、又は所持する漁獲物、製品、漁船及び漁具は、没収することができる（小笠原諸島の復帰に伴う法令の適用の暫定措置等に関する法律第37条第2項）

例7　<u>前条の場合において</u>、犯人又は情を知つた第三者が受けた財産上の利益は、没収する（銀行法第63条の2の3第1項）

4　号

　物品名等を列記する場合や、規定すべき事項が多い場合などには「号」が用いられる。号には「一」「二」と漢数字の号番号が付けられる。号の数に制限はなく、例えば労働安全衛生法施行令別表第9では物品名が掲げられ、第633号まである。

(1) 号の特定

　ある語句（X）が「号」の中の文に規定されるものであれば、「第□条第○号に規定するX」とすれば特定できる。語句（X）が「次に掲げる」「次のいずれかに」等といった号の存在を示す文の中で規定されている場合には、当該文は「各号列記以外の部分」と呼ばれ、Xは「第□条各号列記以外の部分に規定するX」と表記される。各号列記以外の部分は一般に「柱書」と呼ばれるが、法律・政令では「柱書」は用いられない（府省令に「柱書」とする例はある）。「各号列記以外の部分」が、「次に掲げる」等といった号の存在を示す文とただし書など他の文の2つの文で構成される場合に、号の存在を示す文だけを柱書といい、2つの文全体を各号列記以外の部分というとするものもある[3]が、法令ではそのような区別はない。なお、本書では「各号列記以外の部分」の意味として「柱書」を用いている。

　ある号を示す場合には、「第□条第○号」の表記のほかに「第□条（第○号に係る部分に限る。）」という表記があり、ある号中の語句（X）を引用する場合の規定ぶりは次の①、②になる。ほかに「第□条（第○号に限る。）」「第□条（同条第○号に係る部分に限る。）」「第□条第△項（同項第○号に係る部分に限る。）」といった例もあるが少数である。語句（X）を引用する場合は、その所在をいうにすぎないとして原則として①とし、②は用いないとされる。

　① 「第□条第○号に規定するX」
　② 「第□条（第○号に係る部分に限る。）に規定するX」

また、ある号についての適用関係を表す規定ぶりは次の③、④になる。

　③　「第□条第○号の規定により」「第□条第○号の規定の適用については」

　④　「第□条（第○号に係る部分に限る。）の規定により」「第□条（第○号に係る部分に限る。）の規定の適用については」

　従来は、号は柱書と一体のものであるのは当然であり、③でよいとされた。例えば「号の規定による指定」の例は多数あるが「（号に係る部分に限る。）の規定による指定」は１例（特定農林水産物等の名称の保護に関する法律第32条第２項）である。しかし、近年は号が柱書とともに適用されることを明確にするため④とするとされている。平成30年政令第306号では、地方独立行政法人法施行令中の「第７条の２第１項第１号」を「第７条の２第１項（第１号に係る部分に限る。）」に改めている。

　④の考え方を徹底すれば、号について改正があった場合の経過措置として「△については、改正前の…第□条第○号の規定は、なおその効力を有する」とするのではなく、「改正前の…第□条（第○号に係る部分に限る。）の規定は、なおその効力を有する」とすべきこととなるが前者のほうの例が多い。また、「号に該当する」「号の規定に該当する」の例は多数あるが、「（号に係る部分に限る。）に該当する」との例はない。「号にかかわらず」「号の規定にかかわらず」の例は多数あるが、「（号に係る部分に限る。）の規定にかかわらず」は少数である。さらに、政令の制定文では、「法第□条第○号の規定に基づき、この政令を制定する」とされ、「法第□条（第○号に係る部分に限

る。)の規定に基づき、この政令を制定する」とはされていない。

　また、特定の号を示す規定ぶりとして「限る」のほかに「除く」を用いる場合もある。除く場合、例えば号が3つの場合に第3号を除こうとすれば、

　⑤　「第□条（第3号を除く。）」
　⑥　「第□条（第3号に係る部分を除く。）」

の2つの規定ぶりがある。いずれも多数の例があるが、「除く」を用いる場合は号を除けば柱書の適用はないと考え、⑤でよいとされる。しかし、除かれた号以外の号は柱書とともに適用されるとすれば④の考え方を徹底させ、⑥とすべきとも考えられる。

　このように、④の考え方が徹底されているわけではない。④、⑥の規定ぶりは括弧書を多用することとなり条文が読みにくくなる。また、号の語句の引用規定か、号の適用関係の規定かで規定ぶりが変わることは立案作業を複雑化させる。号は柱書と一体のものとして理解するのが当然であり、③、⑤を原則とするほうが適切と思われる。

(2)　号の細区分

　号の中でさらに細かく区分を設ける必要がある場合には、次にイロハ、さらに(1)(2)を用いることとされている。したがって、第1条→第1項→第1号→イ→(1)と区分されることとなる。例外もあり、内閣府本府組織令第3条第3号で政策統括官の職務をイロハを用いて列記していたが、49番目の職務を追加

する必要が生じ、平成26年政令第6号による改正で(1)(2)を用いる表記に改めており、イロハを飛ばして(1)(2)を使用する例となっている。

　(1)(2)をさらに区分する場合はⅰ、ⅱが用いられる（例えば建築基準法第2条第9号の2イ(2)）が、例外があり、㈠㈡が用いられる例（通関業法第2条第1号イ(1)）、㈤㈥が用いられる例（廃棄物の処理及び清掃に関する法律施行令第3条第1号リ(1)）がある。金商法第29条の4第1項第5号ホ(3)も㈤㈥が用いられているが、令和元年法律第37号による同条の改正の際にⅰ、ⅱよりも分かりやすいとして用いられたものである。

　なお、表の備考などにおいては区分の仕方は自由であり、㈠→(1)→イ→(a)とするもの（昭和49年法律第15号附則別表第5）もある。

5　枝番号と削除

　新規に法律が制定される際には、「第一条」「第二条」と連続した番号が付けられる。条文は1つの論理に従って整理した順番に並べることから、その後の改正により条文を途中に追加する場合には、既存の条を移動させ（条の番号を繰り下げ）、新たな条文に連続した番号を付けることが原則である。しかし追加する条文に「第〇条の2」という枝番号（さらに「第〇条の2の2」という孫枝番号もある）を用いる方法で既存の条を移動させないことがある。また、条文を削除する場合も「第〇条　削除」という形（削除条）で条文を残す方法を用いて他の条を移

動させないことがある。これらの方法は、条を移動させると改正規定が複雑になる、条番号の変更によりその条を引用している他の規定についても改正が必要になる、慣れ親しんだ条番号が変更になることを避ける等の理由からとられるものである。平成7年の刑法の全面改正（同年法律第91号）においては条番号を変更しない方針で改正が行われたため、枝番号、削除条は残されている。平成16年の民法の全面改正（同年法律第147号）においても同様である。

　全面的な法令の改正の際には枝番号や削除条の整理が行われることもあるが、それまでは枝番号が増え続ける。地方税法では第72条の117まであり、連結納税制度廃止前までの租税特別措置法施行令では第39条の131まであった。枝番号や削除条があるため実際の条文の数と実質的な条文の数は異なる。本則の最後は会社法は第979条、金商法は第226条であるが、枝番号を数え削除条を除いた実質的な条文の数は、会社法は1080条であり金商法は1077条である。

　条には枝番号が用いられるが項には用いられない。2で述べた項に対する考え方から項には枝番号を用いるべきでないとされる。枝番号はないほうが適切であるが、項にだけ枝番号を用いてはならないとする理由もないと思われる。また、過去には項において「削除」とされていた例もある（昭和29年法律第200号による改正後の戦傷病者戦没者遺族等援護法の一部を改正する法律（昭和28年法律第181号）附則第22項）。

　号には枝番号、「削除」が用いられ、イロハや、別表の㈠㈡でも「削除」が用いられた例がある。

6 見出し

(1) 見出しの付け方

　条文には、例8のように、前の行に行頭から1字下げて括弧書で見出しを付けることとされ、見出しは条文の内容を簡潔に表すこととされる。見出しは本則では条にだけ付けられるが、項建てになっている附則においては項に見出しが付けられることがある。

　古い法律の中には例9のように条名（条番号）の次に見出しが付けられているものや、学校教育法（昭和22年法律第26号）などのように見出しが付けられていないものがある。条文に見出しが付けられたのは昭和22年の旧統計法（同年法律第18号）が最初といわれ、次に労働基準法（同年法律第49号）に見出しが付けられているが、その後も見出しが付けられない法律が公布されており、昭和24年の法律第1号から現在のように見出しが付けられている（同年の法律第28号を除く）。地方自治法は制定時（昭和22年）には見出しが付けられていなかったが、昭和38年法律第99号による改正などその後の改正の際に、改正・追加された条文について見出しが付けられたため、見出しが付けられている条文と付けられていない条文が混在する（第2編第8章まで（第7章第4節を除く）は見出しがなく、第2編第9章以下（第2編第14章、第3編第4章を除く）には見出しが付けられている）。

削除条、章・節にまとめて置かれる罰則の各条には見出しは付けず、また、章等が１条建ての場合、その条文には見出しを付けないのが原則であるが、章等の名称と異なる内容の見出しが付けられる場合もある。臨床検査技師等に関する法律第６章の章名は「雑則」であり第20条の10の１条建てであるが、条文に「経過措置」とする見出しが付けられている。附則においても見出しを付けるが、施行期日の１項から成り立つような場合には付けない。

例 8　金商法

　（目的）

第１条　この法律は…ことを目的とする。

例 9　裁判所法（昭和22年法律第59号）

　第１条（この法律の趣旨）　日本国憲法に定める最高裁判所及び下級裁判所については、この法律の定めるところによる。

　第２条（下級裁判所）　下級裁判所は、高等裁判所、地方裁判所、家庭裁判所及び簡易裁判所とする。

　②　下級裁判所の設立、廃止及び管轄区域は、別に法律でこれを定める。

(2) 共通見出し

　見出しは条文ごとに付けられるが、連続する２つ以上の条が共通の事項を規定している場合には、連続する条の最初の条文の前に共通する見出しを付けて２番目以降の条文には見出しを付けないとされる（例10）。この場合の見出しを「共通見出し」

という。共通見出しは通常の見出し（単独見出し）と異なるものと認識されており、「第〇条の見出し」ではなく、「第〇条の前の見出し」と呼ばれる。

　共通見出しと単独見出しは法令を改正する場合の改正方式に違いがある。改正方式には改め文方式と新旧対照表方式があり、新旧対照表方式による改正では単独見出しと共通見出しは区別されていないが、改め文方式による改正では共通見出しの改正は単独見出しと異なる扱いとされている。

① 　共通見出しの対象である条を改正し、ある条の単独見出しとする場合

　　例えば、第 1 条、第 2 条に共通見出しが付けられている場合に、第 2 条を削除したり、第 2 条は異なる内容として改正するときには、「第 1 条の前の見出しを削り、同条に見出しとして「(…)」を付する」として、第 1 条の見出しとしては同じ文言であっても、いったん削除した上で第 1 条に見出しを付け直すこととされる。

② 　新たに共通見出しを付ける場合

　　例えば、第 3 条の次に共通の事項を規定する第 3 条の 2 を追加する場合に、第 3 条と第 3 条の 2 に共通見出しを付けるときは、いったん「第 3 条の前の見出しを削り、同条の前に見出しとして「(…)」を付し」た上で、第 3 条の次に見出しがない第 3 条の 2 を追加することとされる。

③ 　共通見出しの移動の場合

　　例えば、第10条と第11条に共通見出しが付けられている場合に、第10条、第11条が第 4 条、第 5 条となるときには、

「第10条の前の見出しを削り」、第10条、第11条を移動させた上で、「第4条の前に見出しとして（…）を付す」こととされる。

例10　金商法

(禁止行為)

第38条　金融商品取引業者等又はその役員若しくは使用人は、次に掲げる行為をしてはならない。(ただし書、各号略)

第38条の2　金融商品取引業者等は、その行う投資助言・代理業又は投資運用業に関して、次に掲げる行為をしてはならない。

(3) 見出しと条との関係

条文の前に付けられた共通見出しは当該条文の一部でないことは明らかであるが、単独見出しの場合には、条文の一部なのか、条文とは別のものかという問題がありうる。改め文方式による改正の場合、例えば、「第〇条中「A」を「B」に改める」とする場合に、第〇条の見出しに「A」の語句が含まれており、この「A」も「B」に改める場合には「第〇条（見出しを含む。）中「A」を「B」に改める」「第〇条の見出し及び同条中「A」を「B」に改める」とされる。しかし、これは念のためであり、例えば「第〇条を削る」場合には「第〇条の見出し及び同条を削る」とはせず、見出しも当然に削られると扱われており、単独見出しは条文の一部と考えられている。

準用読替えの場合も、「第〇条中「A」とあるのは「B」と読み替える」とされる場合に見出しに「A」の語句が含まれて

いれば、この「A」も「B」に読み替えられると扱われていると思われる。

見出しは条文の内容を簡潔にまとめて表現するものであることから、条文の内容と別の規範を生じさせるものではない。共通見出しも同様である。しかし、昭和30年法律第51号による改正前の銃砲刀剣類所持等取締令（昭和25年政令第334号）第15条の解釈に関し見出しの文言を用いた判例（「みだしに（…）とあることによっても、明らかである」）がある[4]ように見出しは条文の解釈の参考とされており、仮に条文の内容を適切に表現していない場合には条文の解釈に影響を与えることになるため、適切な内容の見出しを付ける必要がある。

なお、条約においては、条名（条番号）の次に見出しが付され、改行されて第1項以下が記載される。見出しが付けられるのは通例であるが、「この条約中の条の見出しは、引用上の便宜のためにのみ付されたものであって、この条約の解釈に影響を及ぼすものではない」とされる（平成30年条約第12号第28条等）。

(4) 引用条項における見出しの扱い

ある法律において他の条項を引用する場合には、「第〇条に規定する」のように、条項名のみを引用するのが通例であり見出しは表記しないが、条項名に続いて見出しを括弧書で添えて引用する法律もある。所得税法第6条では「第28条第1項（給与所得者）に規定する」とされる。このルールはもっぱら税法でとられており、初出の引用では括弧書を添えるが2度目以降

は添えない、初出かどうかは条文ごとに判断する、「前条」と引用する場合には括弧書を添えない、法律で規定される見出しと異なる文言を見出しとして括弧書を添えるなど独自のルールがある。税法の中でも同じ法律の他の条文を引用する場合にも括弧書を添えるもの（所得税法）、自らの法律中の条文を引用する場合には括弧書を添えないもの（酒税法）があり、租税特別措置法は括弧書を添えるルールをとっていない。なお、税法以外では、無尽業法、旧公職選挙法が引用条項に見出しを添えている。公職選挙法（昭和25年法律第100号）は制定時から「第143条（（文書図画の掲示））第17項の規定」のように、見出しを二重括弧「（（　））」で添えていたが、平成12年法律第62号による改正で、「本則中括弧「（（　））」書を削る」とされ、引用条項に見出しを添えることは廃止されている。

　見出しを括弧書で添えて引用するのは、条文を分かりやすくするためのものと考えられるが、括弧書が増え、二重括弧、三重括弧となる場合があり読みにくい。また、見出しが長文の場合には条文がかえって読みにくく、引用条項の番号に改正がなくとも見出しに改正があると改正が必要となるなどのデメリットがある。

《注》
1　礒崎・50頁注20・7頁。
2　小島和夫『やさしい法令用語の解説』267頁（公務職員研修協会、1994年）。
3　礒崎・前掲注1・9頁。
4　50頁注16と同じ。

第 3 章

法令の用語と用法(1)

1 言　　葉

(1) 言葉の意味

　言語は「言葉」の体系であり、「言葉」は「記号（symbol）」の一種であり、それが指し示す（意味する）ある範囲の事物・事象がある。例えば「イヌ（犬）」という名詞（記号）が意味する現実の事物としてある種の生き物であることを人々が了解している必要がある。「広告」などの抽象的な概念でも同様である。しかし、ある「言葉」がどのような事物・事象であるかの認識は個々人によって異なる（主観的）。法令は一般国民が理解できる言語である日本語で規定されると説明したが、大多数の主観の一致があると判断される「言葉」が法令において用いられることとなる。前例があることが言葉が一般に定着していることの証左と考えられるため、前例のない用語の使用には慎重になる。規制法とそれ以外（プログラム法、助成・援助・支援法）、目的・趣旨規定とその他の規定（罰則など）では、用語の使用の判断（慎重さ）が異なると考えられ、また、判断主体でも異なると考えられる。内閣提出と議員提出では法律案の立案者が異なり、法律の題名におけるカタカナ語の使用など議員立法のほうが用語の使用に進取的と考えられる。

　既に使用されている「言葉」であっても、その主観的な一致、すなわち、それが指し示す事物・事象の集合（外延）が何であるかを判断することが必要な場合もある。

(2) 配 偶 者

　「配偶者」は、法令用語辞典では「夫婦の一方からみた他方」とされるが、いわゆる内縁関係にある者を配偶者といえるかが問題となる。民法では配偶者の定義はないが、「配偶者のある者は、重ねて婚姻をすることができない」(第732条)、「婚姻は、戸籍法（…）の定めるところにより届け出ることによって、その効力を生ずる」(第739条第1項)とされることから、事実上夫婦生活を営んでいても婚姻の届出をしてなければ、配偶者とはいえない。このため、「配偶者（婚姻の届出をしていないが、事実上婚姻関係と同様の事情にある者を含む。）」というように、配偶者と同様に取り扱う旨を規定している例も多い（第1章例55等）。どのような状況が事実上婚姻関係と同様の事情なのかが問題であるが、遺族年金の遺族の認定に関しては「事実婚関係にある者とは、いわゆる内縁関係にある者をいうのであり、内縁関係とは、婚姻の届出を欠くが、社会通念上、夫婦としての共同生活と認められる事実関係をいい、次の要件を備えることを要するものであること

① 当事者間に、社会通念上、夫婦の共同生活と認められる事実関係を成立させようとする合意があること

② 当事者間に、社会通念上、夫婦の共同生活と認められる事実関係が存在すること」

とされる[1]。ただし、①、②の要件を満たす場合であっても、内縁関係が反倫理的な内縁関係である場合（民法の近親婚の制限（第734条）、直系姻族間の婚姻禁止（第735条）、養親子関係者間

の婚姻禁止（第736条））には認定しないとされるが、これは「夫婦としての継続的な両性関係をもつこと自体を正しくないとする社会一般の倫理観に基礎を置くものに違反することとなるような内縁関係、簡単にいえば反倫理的な内縁関係にある者は包含しないと解すべきであろう。けだし、…共済給付が主として法律上加入強制を規定されている組合員の掛金及び国の負担金をもってまかなわれるものであり、一種の公的給付の性質を有するものと解すべきである以上、その観念は、かかる公的給付を受けるにふさわしい者のみを包含するものとして決定されるべきが当然であるからである」[2]との考え方による。しかし「反倫理性、反公益性が婚姻法秩序維持等の観点から問題とする必要がない程度に著しく低いと認められる場合には、上記近親者間における婚姻を禁止すべき公益的要請よりも遺族の生活の安定と福祉の向上に寄与するという法の目的を優先させるべき特段の事情がある」とする判例[3]も踏まえ、反倫理的な内縁関係であっても「婚姻関係と同様の事情」にあると認定することがありえるとしている。

「憲法第24条第1項は、「婚姻は、両性の合意のみに基いて成立」すると規定しており、当事者双方の性別が同一である婚姻（以下「同性婚」という。）の成立を認めることは想定されていない」「「夫婦」とは、婚姻の当事者である男である夫及び女である妻を意味しており、同性婚は認められておらず、同性婚をしようとする者の婚姻の届出を受理することはできない」[4]とされており、婚姻関係が異性間にしか生じないことを前提とするならば、同性婚が「婚姻関係と同様の事情」に当たることはあ

りえないと思われる。ただし、同性婚などが「反倫理性、反公益性が婚姻法秩序維持等の観点から問題とする必要がない程度に著しく低」く、社会通念上夫婦の共同生活と認められるのであれば、「婚姻関係と同様の事情」に当たりえることとなる。

2 定　　義

(1) 定義語・略称

外来語だけでなく、日本語であっても新しい言葉・概念であれば、その内容が人々の間で共有されているかは必ずしも明らかではない。このため、法令で使用する語の選択に際しては前例踏襲が基本とされるが、新しい言葉・概念を用いることが否定されるものではない。新しい言葉・概念を定義することなく用いることもあるが、「○○をいう」などと定義を行うこと（定義規定を設けること）で新しい言葉・概念を用いる場合もある。定義をすることによって「新しい概念の呼称の外延と内包を正確に判別することができ、ひいては他の法体系と整合性を保ちつつその法律の適用範囲が明確となる」が、外来語の場合と同様に「その言葉を聞いて、通常の人ならばそれはどういうものかというある程度のイメージを持ち、それが立法の意図とおおむね一致しているというものが望ましい」とされる[5]。

平成22年の地域主権改革の推進を図るための関係法律の整備に関する法律案において、改正後の内閣府設置法第4条第1項第3号の3に「地域主権改革（日本国憲法の理念の下に、住民に

身近な行政は、地方公共団体が自主的かつ総合的に広く担うようにするとともに、地域住民が自らの判断と責任において地域の諸課題に取り組むことができるようにするための改革をいう。以下同じ。)」と規定し、「地域主権」を用いたことについて、「地域の主権というふうに取れる用語を、違った定義をすることを許容すること自体が問題」として議論があった[6]。なお、法案が修正可決される際に「地域主権改革」は削除された。

　平成18年法律第83号による老人保健法（現高齢者の医療の確保に関する法律（以下「高齢者医療確保法」という））の改正において、高齢者医療に関する制度のうち65歳〜74歳の者と75歳以上の者について異なる制度を規定する際に、「前期高齢者」「後期高齢者」の呼称が用いられたが、「「後期高齢者」といった場合、「前期高齢者」の「次の高齢者」という意味にも捉えられ、単に時系列的な区分にとどまらない、ネガティブな印象を与えるおそれがないか。現在わが国で進行している高齢化社会の下で、高齢者が生き生きと生きていける社会の構築が求められるなか、このような呼称により、75歳未満の高齢者と区別することは、現役で活躍される高齢者の意欲をそぐことになり、ひいては高齢者の尊厳を侵すことにならないか」[7]など「後期高齢者」が差別的な語ではないかとの議論もあった。

　このように定義を行ってある用語を用いるとしても、どのような用語を用いるかが重要であり、また、長い言葉・概念を短く表現するために略称を設ける場合にもどの用語を用いるかが重要である。用語の選択に際しては、内容を正しく表すと同時に、分かりやすさと言葉の持つイメージを考える必要がある。

例えば、資金決済法では定義内容に変わりがないにもかかわらず、用語の持つイメージを改めるため令和元年法律第28号による改正で「仮想通貨」の呼称が「暗号資産」に変更されている。また、一部改正法について略称を付けるときは、単に「法」とせず「改正法」とすべきである、政令において法の施行日に略称を付けるときは、単に「施行日」とすると政令の施行日と紛らわしいので「法施行日」とすべきなどといわれる。

適切な用語を選択することは難しいため、ある概念から特定の概念を抜き出す場合には「特定秘密」「特定個人情報」「特定有価証券」など「特定」を付けることが行われる。しかし「特定」では何を意味するかは分からない。また、ある概念を区分する場合に「第1種金融商品取引業」「第1種資金移動業」など「第1」「第2」を付けることが行われる。しかし序列があると理解されてもよいかの問題がある。

(2) 規定ぶり

法律全般に用いる用語について定義を設ける場合には、冒頭（通常、目的規定の次）に定義規定（「この法律において「○○」とは、…をいう。」）を置くが、途中の条（項・号）中に「○○（…をいう。以下同じ。）」「…（以下「○○」という。）」と規定し、事実上法律全般に用いる定義・略称を置くこともある。このほか、表については「注」「備考」が付けられ（第1章4参照）、ここで表における定義が行われることもある。

定義が及ぶ範囲の終わりを示す場合には「以下…までにおいて同じ」「以下…までにおいて「○○」という」と規定する。

「以下…まで同じ」（金融機関再建整備法第24条第1項第4号、狂犬病予防法第10条）とするのは例外である。

ある条（章・節・項・号）中で定義した用語を再度その条において用いる場合には「以下この条において」と規定する。「以下」を付けず単に「この条において」とする例（平成27年法律第29号附則第4条）や、語順が異なり「この条において以下同じ」（自然公園法第62条第2項）とするのは例外である。ただし、号に至らない、イロハ、(1)(2)等で再度同じ定義語を用いる場合には、「以下イにおいて」（地方税法第34条第1項第5号イ）、「以下(1)において」（平成24年法律第68号第7条第2号ニ(1)）として「この」を省略する例がある。

定義が及ぶ範囲の終わりを示す場合に自らの条においても定義語を用いる場合には、「以下この条及び第○条において」「以下この条から…までにおいて」等と規定する。「この条」を規定しない（「以下第106条までにおいて」（振替法第103条第1項））、「以下」を規定しない（「この条から…までにおいて」（産業競争力強化法第60条））のは例外とされるが、法律全般に定義を及ぼす場合には自らの条で定義語を使用するか否かにかかわらず「以下同じ」とすることから、「以下…までにおいて」で問題はないと考えられる。

「第○条において」など条項を特定して定義を設ける場合には「以下」を付さない（「第○条において同じ」）。「以下」を付ける（「以下第37条の10及び第63条第9号において同じ」（金融機関再建整備法第37条の9））のは例外である。

なお、外国為替及び外国貿易法（以下「外為法」という）で

は範囲を示すことなく定義規定が設けられており（「第20条　資本取引とは、…をいう」等）、令和元年法律第60号による同法改正時も当該箇所は改正されなかった。

　条文中の用語に定義（「○○（…をいう。）」等）を行う場合には、括弧書が増える、括弧内に条項が引用されると「同」が何を指すのか分かりにくい、長文となる等の法律の理解に妨げとなる要素が増えるため、「前項の「合併等」とは、次に掲げるものをいう」（預金保険法第59条第2項）、「第1項…及び前項の「第1種少額電子募集取扱業務」とは…をいう」（金商法第29条の4の2第10項）などと他の条項において定義を行う場合もある。

(3) 定義語を用いる場合

　定義は、新しい概念・言葉について意味を明確にするために用いられるだけでなく、修飾語句を含めた用語が長い場合に繰り返して当該用語を用いる場合に長文化しないように、要約・略称化するものとしても用いられる。定義規定等をまとめて、法律、章、節等の冒頭に置くことは法令文の平易化につながるが、冒頭で定義を行う用語をどのように選ぶかに明確な基準はない。繰り返し使用する用語、重要な用語を冒頭で定義していると考えられるが法律によってまちまちである。航空機製造事業法では「この法律において「航空機」とは…をいう」（第2条第1項）と定義するが、第2条の2で「航空機（経済産業省令で定める滑空機を除く。第17条第1項を除き、以下同じ。）」と規定し、括弧書を含めた意味での航空機が主となり、法の冒頭で

定義を設けた意義が薄れている。

　繰り返し使用される用語について条文中において定義を行う場合に、「以下同じ」とするか、「第○条及び第△条において」「第○条から第△条までにおいて」等の範囲を示すかについても明確な基準はない。定義語が使用される条文を明らかにするため範囲を示すのが原則とも考えられるが、定義が及ぶ範囲を示したとしても、定義語が使用される条文では、その定義語がどの条文で定義されているかは直ちには分からない。また、法律の最後の条項において「以下この条において同じ」と範囲を限定してもあまり意味がない。定義語の内容（定義）が条文ごとに変わるのでなければ範囲を限定する必要性も低い。このため、おおむね3回を超えて使用される場合には「以下同じ」としてよいとされる。使用頻度も、箇所数で数えるか条文数で数えるかの違いがあり、例えば「以下この項、第5項、第10項及び第11項、第7条第4項、第24条並びに第24条の7第1項において同じ」（金商法第5条第1項）では使用箇所を条文数で数えている。

　租税特別措置法は所得税法等の法律ごとに章を設けて特例を規定することから、法律全般を通じた定義は設けず、定義語は「第2章において」など章に限定している。条文中に設ける定義も「この章において同じ」と章に限定している。特別会計に関する法律も旧国債整理基金特別会計法など旧特別会計法を統合した法律であるため、法律全般を通じた定義は設けておらず、「以下同じ」と規定する条文も限定的であり、各節（各特別会計）の条文中に設ける定義は「この節において同じ」と節

に限定している。この2つの法律は実質的に複数の法律を束ねた法律であり、各章、各節がいわば独立し、所管する部局も異なるため、定義が他の章・節に及ぶことは法律の改正作業等に影響を及ぼすことから、原則として各章・節のみに定義が及ぶように規定している。同様に、資金決済法でも資金移動業等の各業は各章で規定していることから定義は各章に限定することを原則としていた。

　章・節単位で定義語の意味が変わるのであれば法律の理解の妨げになることは少ないとは思われるが、条文ごとに定義語の意味が変わることは法律の理解の妨げになりうる。外為法では「外国投資家とは、…をいう」（第26条第１項）と定義が及ぶ範囲を示すことなく「外国投資家」を定義し、第27条第１項で「外国投資家（前条第１項に規定する外国投資家をいう。以下この条、第28条、第29条第１項から第４項まで及び第55条の５において同じ。）」と規定している。第27条の２第１項では「外国投資家（第26条第１項に規定する外国投資家をいい、…政令で定めるものを除く。以下この条において同じ。）」と、第28条の２第１項では「外国投資家（第26条第１項に規定する外国投資家をいい、…政令で定めるものを除く。以下この条において同じ。）」と、異なる定義を行っており、条文によって外国投資家の意味が異なることとなる。

　金商法では「この法律において「有価証券」とは、次に掲げるものをいう」（第２条第１項）と定義するが、「有価証券（次に掲げるものに限る。）」（第２条第８項第７号）、「有価証券（特定有価証券を除く。次の各号を除き、以下この条において同じ。）」

（第24条第1項）、「有価証券（有価証券に係る第2条第24項第5号に掲げる標準物を含み、政令で定めるものを除く。以下この号において同じ。）」（第28条第8項第3号イ）、「有価証券（金融商品取引所に上場されていないものに限る。第67条の11第1項において同じ。）」（第67条第2項）などと、条文によって有価証券の意味（範囲）を変えることが頻繁に行われる。また、「店頭売買有価証券」（第2条第8項第10号ハ）、「特定上場有価証券」（同条第33項）、「特定有価証券」（第5条第1項）、「株券関連有価証券」（第27条の23第1項）、「対象有価証券」（同条第2項）、「取扱有価証券」（第67条の18第4号）など、新たな意味を有する有価証券を別の名称で定義している。このため、例えば第2条第1項で有価証券として掲げられた株券等が、有価証券としてそれぞれの条文の対象となるか否かが分かりづらい法律となっている。

「○○（…を除く（限る）。以下この条において同じ。）」としてある条においてのみ意味を変える場合には意味の変化に気づくが、「以下この条、第28条、第29条第1項から第4項まで及び第55条の5において同じ」（外為法第27条第1項）、「第50条の2第9項、第66条の40第5項及び第156条の3第2項第3号を除き、以下同じ」（金商法第5条第1項）のように、一定の条項を対象として定義する場合には、後の条文において意味の変化に気づきにくい。

なお、条文を短くするために定義語（略称）を設ける場合があるが、例1、例2をみれば分かるように、定義をしないほうが短く、分かりやすい場合もある。

例1　暴力団員による不当な行為の防止等に関する法律第2条

第6号に規定する暴力団員(以下この号において「暴力団員」という。)又は暴力団員でなくなった日から5年を経過しない者(職業安定法第32条第9号等)

例2 暴力団員による不当な行為の防止等に関する法律第2条第6号に規定する暴力団員又は同号に規定する暴力団員でなくなった日から5年を経過しない者(金商法第63条第7項1号ハ等)

(4) 定義語を引用する場合

　第A条で「○○をいう」として定義された語句(X)が「以下同じ」等と規定されていない場合に、その語句(X)を引用するときは「第A条に規定するX」と規定する必要があるが、条文をみれば用語の意義は明らかであるとしてXを無定義で使用する場合もある。例3では「事業基本計画」「ポリ塩化ビフェニル廃棄物処理事業基本計画」は中間貯蔵・環境安全事業株式会社法(日本環境安全事業株式会社法の改正後)での定義語であるが、条文をみれば定義が明らかであるとして、「…に規定する事業基本計画」等とはされていない。例4では「母子家庭高等職業訓練促進給付金」「父子家庭高等職業訓練促進給付金」は母子及び父子並びに寡婦福祉法施行令での定義語であるが、見出しに同令の経過措置である旨が規定され、これらが何を指すのか誤読のおそれがないとして「…に規定する母子家庭高等職業訓練促進給付金」等とされていない。例5では「医療費支給認定保護者」は児童福祉法第19条の3第7項で規定される定義語であるが、「児童福祉法施行令第22条1項各号に掲げ

る」とあるのだから定義は分かるとされ、無定義で使用されている。

例3 この法律の施行の際現に旧法第7条の認可を受けている事業基本計画は、新法第11条の認可を受けたポリ塩化ビフェニル廃棄物処理事業基本計画とみなす（日本環境安全事業株式会社法の一部を改正する法律（平成26年法律第120号）附則第4条）

例4 平成30年7月以前の月分の母子家庭高等職業訓練促進給付金及び父子家庭高等職業訓練促進給付金の支給については、なお従前の例による（児童扶養手当法施行令等の一部を改正する政令（平成30年政令第232号）附則第3条）

例5 児童福祉法施行令第22条第1項各号に掲げる医療費支給認定保護者（難病の患者に対する医療等に関する法律（以下「難病法」という）施行令第1条第2項第2号）

第Ａ条中に規定される語句（Ｘ）については、第Ａ条をみればＸの意味は明らかであることから、「第Ａ条の規定によるＸ」のように、Ｘについて定義をしなくとも誤読のおそれはなく、無定義で使用するほうが条文が分かりやすいとも考えられるが、例6、例7のように「第〇条に規定するＸ」として定義を行う例が多い。例8では医療費支給認定と小児慢性特定疾病児童等は直接関係がないようにみえるが、児童福祉法第19条の3第3項では「第1項の申請に係る小児慢性特定疾病児童等が…と認められる場合には、小児慢性特定疾病医療費を支給する旨の認定（以下「医療費支給認定」という。）を行うものとする」とあり、同条をみれば「小児慢性特定疾病児童等」の意味は明

らかと考えられるが、「同法第 6 条の 2 第 2 項に規定する」と定義されている。

　どのような場合に定義語の意味が明らかとして無定義とするかは恣意的にならざるをえないが、例 3 、例 4 が法令の改正時の経過措置であるのは、このような場合には多少厳格でなくとも問題はないと考えていると思われる。

例 6 　次条及び次章第 3 節（…）の規定により同条に規定する総所得金額、退職所得金額及び山林所得金額を計算する（所得税法第21条第 1 項第 2 号）

例 7 　民法第958条の 3 第 1 項（…）の規定により同項に規定する相続財産の全部又は一部を与えられた場合（相続税法第 4 条第 1 項）

例 8 　児童福祉法第19条の 3 第 3 項に規定する医療費支給認定に係る小児慢性特定疾病児童等（同法第 6 条の 2 第 2 項に規定する小児慢性特定疾病児童等をいう。…）の数（難病法第 5 条第 2 項第 1 号）

(5) 総称する、単に…という

　定義をする場合に、「いう」に代えて「総称する」と規定する場合や、「単に「〇〇」という」と規定する場合がある。

　「総称する」とは、同じ種類や範疇に属するものをまとめて呼ぶことであるが、どのような場合に用いるかの基準は定かではない。同じ「Ａ」という語幹を持つものを集めて「Ａ」と定義する場合に「総称する」という用例が多い（例 9 ～例11）が、種々の概念をまとめて定義する場合に共通的な言葉をもって定

義する場合に「総称する」とする用例も多い（例12、例13）。しかし、このような場合に「総称する」としなければならないわけではない。

例9　令和３年に開催される東京オリンピック競技大会及び東京パラリンピック競技大会（以下「大会」と総称する）（平成32年東京オリンピック競技大会・東京パラリンピック競技大会特別措置法第１条）

例10　次条第１項に規定する一般事業主行動計画及び第19条第１項に規定する特定事業主行動計画（次項において「事業主行動計画」と総称する）（女性の職業生活における活躍の推進に関する法律第７条第１項）

例11　身体障害、知的障害、精神障害（発達障害を含む）その他の心身の機能の障害（以下「障害」と総称する）がある者（障害を理由とする差別の解消の推進に関する法律第２条第１号）

例12　審査請求若しくは再調査の請求又は他の法令に基づく不服申立て（以下この条において「不服申立て」と総称する。）（行政不服審査法第82条第１項）

例13　前項第１号から第15号までに掲げる有価証券、同項第17号に掲げる有価証券（…）及び同項第18号に掲げる有価証券に表示されるべき権利並びに同項第16号に掲げる有価証券、同項第17号に掲げる有価証券（…）及び同項第19号から第21号までに掲げる有価証券であって内閣府令で定めるものに表示されるべき権利（以下この項及び次項において「有価証券表示権利」と総称する。）（金商法第２条第２項）

　例14と例15は同じ内容であるが、例14では「総称する」とさ

れる。例16では「総称する」とされていたが、改正により「いう」とされた（例17）。

例14 第61条第2項に規定する組織変更又は第81条第2項に規定する組織変更（以下この章において「組織変更」と総称する。）（技術研究組合法第152条）

例15 第100条の3第1項又は第100条の15第1項に規定する組織変更（以下この項において「組織変更」という。）（組合等登記令第26条第16項）

例16 農業共済組合の組合員又は第85条の6第1項の共済事業を行う市町村との間に当該共済事業に係る共済関係の存する者（以下組合員等と総称する。）（平成29年法律第74号による改正前の農業災害補償法（現農業保険法）第12条第1項）

例17 農業共済組合の組合員、…全国連合会（…）の組合員又は…共済事業を行う市町村との間に当該共済事業に係る共済関係の存する者（以下「組合員等」という。）（農業保険法第10条第1項）

「単に「〇〇」という」については、もっぱら1つの言葉のうちのある部分をもって定義する場合に用いられる（例18、例19）が、他の用例もあり（例20）、この場合には「総称する」との違いは定かではない。

例18 前条の基本理念（以下単に「基本理念」という。）（成年後見制度の利用の促進に関する法律第4条）

例19 前条の電子計算機に備えられたファイル（以下この章において単に「ファイル」という。）（金商法第27条の30の3第3項）

例20 行政庁の処分その他公権力の行使に当たる行為（以下単

に「処分」という。）(行政不服審査法第 1 条第 2 項)

3 文 書 性

(1) 文書と電子文書

　法令において「文書」と規定されている場合、有体物を前提としている。文書偽造罪に関しては「文書とは文字若しくは之に代わるべき符号を用い永続すべき状態においてある物体の上に記載したる意思表示を指称す而してその物体の種類については何らの制限なし」とする判例[8]もある。

　電子的な手段によって作成された情報（電子データ）は、それ自体は無体物であり「文書」ではない。また、電子データが保存されている媒体は有体物であるが当該媒体は「文書」ではない。したがって、法令で「文書」をもって作成、保存、交付等をすることが求められる場合には、電子データをもって作成等しても義務を果たしたことにならない。民間事業者等が行う書面の保存等における情報通信の技術の利用に関する法律（以下「e-文書法」という）では「書面」を「書面、書類、文書、謄本、抄本、正本、副本、複本その他文字、図形等人の知覚によって認識することができる情報が記載された紙その他の有体物をいう」と定義している（第 2 条第 3 号）ように、「文書」以外の名称であっても人が認識できるように有体物で作成されるべきものは「文書」となる（文書性がある）。

　どのようなものに文書性があるかは社会通念に照らして判断

されるが、原則として使用される文字で判断される。「書」が用いられるもの（「書面」「書類」「〇〇書」）や、「謄本」「抄本」「正本」「副本」「複本」は文書性があるとされる。他方、「〇〇簿」「〇〇録」「定款」「規準」「規約」「規程」「規則」「〇〇票」「〇〇表」「〇〇帳」には文書性がない。定款であれば、法人の目的、内部組織、活動等に関する根本規則をいうとされているように規範としての概念である。旧商法の「商業帳簿」の保存義務に関し、電子データをもって保存することが可能と解されていた[9]のも、「帳簿」に文書性はなく、電子データにより作成されたものも「帳簿」であるとの理解によるものである。会社法でも、「株主名簿」「議事録」の作成義務がある（第121条、第81条第1項）が、電子データをもって作成しうるものであり、これを前提に、書面をもって作成されているときと電子データをもって作成されているときが規定される（第125条第2項、第81条第3項）。

　ただし、その作成等に用いられている動詞や、当該規定の前後の規定等をあわせて解釈すれば文書性があると解される場合もある。例えば「記載」は有体物に記し載せることを意味するため、「〇〇簿に…記載しなければならない」と規定されている場合の「簿」には文書性があると解することもできる。「定款」「貸借対照表」「事業報告」は本来文書性はないと考えられるが、署名を求める規定等との関係で紙が前提とされ、書面に代えて電子データをもって作成することができると規定される（会社法第26条第2項、第435条第3項）。

⑵ **文書に用いる語**

a 記載、記録

　文書に文字等を記す動詞には「記載」が用いられ（例21）、無体物である電子データとして記す場合には「記録」が用いられる（例22）。当該物が、文書、電子データのいずれでも作成することができるものである場合や文書と電子データをともに対象とする場合には、「記載し、又は記録し」（例23）、「記載又は記録をし」（例24）等と規定される。記録する行為には記載する行為を含むと考えられるため、単に「記録」とすること（例25、例26）や、「記載（…にあっては、記録。以下同じ。）」とし単に「記載」と規定すること（例27）で規定を簡潔にすることができると思われるが、このような規定ぶりは少ない。逆に、平成13年の旧短期社債等の振替に関する法律では振替口座簿には「記録」するとの用法であったが、平成14年法律第65号による改正後の法律（現振替法）では、振替口座簿に「記載し、又は記録する」との用法に改められた。

例21　認識することができる情報が<u>記載</u>された紙その他の有体物をいう（e-文書法第2条第3号）

例22　記録情報を<u>記録した</u>個人情報ファイル（個人情報の保護に関する法律（以下「個人情報保護法」という）第74条第2項第7号）

例23　株主名簿を作成し、これに次に掲げる事項…を<u>記載し、又は記録し</u>なければならない（会社法第121条）

例24　指定申請書又は…書類若しくは電磁的記録に虚偽の<u>記載</u>

又は記録をして（銀行法第62条の２第１号）

例25　情報を記録する文書、図画、電磁的記録（特定秘密の保護に関する法律第３条第２項第１号）

例26　住民基本台帳を備え…記載をすべきものとされる事項を記録する（住民基本台帳法第５条）

例27　記載（…磁気ディスクをもって調製する住民票にあっては、記録。以下同じ。）（住民基本台帳法第７条）

b　提出、提供

文書を相手に渡す場合には「提出」が用いられ（例28、例29）、電子データなど無体物を渡す場合には「提供」が用いられる（例30）。当該物が、文書、電子データのいずれでも作成することができるものである場合や文書と電子データをともに対象とする場合には、「提出又は提供」（例31）、「提出し、又は提供し」（例32）等と規定される。ただし、「提供」は、「役務の提供」「情報の提供」「担保の提供」「資料の提供」「物件の提供」「知識の提供」など有体物、無体物を問わず広く使用される語であり、文書、電子データのいずれでもありうるものを渡す場合に、単に「提供」とする場合もある（例33）。同じ会社法で、「提供」（例30、例33）、「提出し、又は提供」（例32）と規定ぶりに差があり、この差について「提出とは案件を差し出して処理を求めること」「提供とは他人が利用できる状態に置くこと」と説明するものもある[10]が、例33では通知が文書のみを用いることを前提としていないため、単に「提供」としたと考えられる。

例28　意見書を提出しなければならない（医師法第 7 条第 7 項）

例29　理由を記載した文書を提出して（電気通信事業法第172条）

例30　書面の提出に代えて、…電磁的方法により提供することができる（会社法第74条第 3 項）

例31　事項を記載し、又は記録した書面又は電磁的記録として内閣府令で定めるものの提出又は提供を受けている場合（貸金業法第13条第 3 項）

例32　計算書類及び事業報告を定時株主総会に提出し、又は提供しなければならない（会社法第438条第 1 項）

例33　通知に際して、…計算書類及び事業報告（…）を提供しなければならない（会社法第437条）

用いられる語から対象物が文書か電子データかが定まる（文書性が判断される）とすれば、例34の「再生計画案」は文書で作成されるべきものとなり、例35では電子データなど無体物の提供は求めることができないこととなるが、いずれも適当ではない。例36では、「資料」の「提出」とあり、資料は文書で提出されるようにみえるが、趣旨からも、提出を受けた資料を提供する（第 9 条第 2 項）の用法からも、電子的な方法により作成された資料が排除されるとは思えない。これらをみると、ものを渡す相手方との上下関係を踏まえて「提出」「提供」を使い分けている場合もあると考えられ、用いられる語から対象物の文書性が判断できるとまではいえないこととなる。

例34　再生計画案を提出しようとする者（民事再生法第165条）

例35　資料の提出を求めることができる（公認会計士法第49条の 3 第 1 項）

例36　オウム真理教犯罪被害者等を救済するための給付金の支給に関する法律

　第9条　国家公安委員会は、…破産管財人等に対し、…記録等の情報の内容を国家公安委員会の指定する方法により分類又は整理した資料を作成し、国家公安委員会に<u>提出</u>するよう求めることができる。

　2　国家公安委員会は、前項の規定により提出を受けた資料を、公安委員会に<u>提供</u>することができる。

　なお、「提出」のほかに、相手方に物を渡す行為を表す語に「交付」がある。法令用語辞典では、交付は金銭、書類など「物を他人に渡すこと」、とされており、文書についても「書面を交付し」等のように用いられる。e-文書法では「交付等」は「民間事業者等が書面又は電磁的記録に記録されている事項を交付し、若しくは提出し、又は提供することをいう」と定義され（第2条第9項）、「交付」と「提出」が「提供」と対になる語として用いられる。「提出」「交付」のいずれが用いられるかは慣用的に定まっているといえる。

　「交付」に類似する語として「送付」がある。送付は「物を送り届けること」とされ、有体物を対象とした語のようにみえるが、「電子メールの送付」というような日常的な用法、例37〜例39のように必ずしも有体物を渡す行為に限定されない用例があり、「提供」と同様に用いることができるのかもしれない。なお、「送付」は、一般に隔地間を想定して用いられていると思われるが、直接手渡すことを否定していないと考えられる。「交付」も、郵便等による交付も含まれる（公職選挙法第

221条の「物品の交付」には郵送も含まれる）とされる。このため、「交付」と「送付」の差は明確ではない。

例37　電磁的記録を送付して（貸金業法第15条第2項）
例38　記録の送付（高齢者医療確保法第20条）
例39　事案の送付（弁護士法第64条の2第3項）

(3)　**文書の写し**

文書には「原本」と「写し」の概念がある。法令に「原本」の定義はないが、法令用語辞典では、物理的に「作成者が一定の内容を表示するため、確定的なものとして最初に作成した文書」が「原本」であり、原本を写し取り、その内容が原本と同一である書面が「写し」とされる。写しには、「謄本」（「同一の文字、符号を用いて原本の内容を完全に写し取った書面」）、「抄本」（「原本の一部について、原本と同一の文字、符号を用いてこれを写し取った書面」）等があり、「写し」は手書きでもよいとされる。

法律においては、原本と写しを区別する必要がある場合に「原本」「写し」が規定される。一般社団財団法では、一般社団法人は計算書類等を主たる事務所と従たる事務所に備え置かねばならない（第129条）が、計算書類等が紙で作成されている場合、主たる事務所に原本を備え置けば物理的に従たる事務所に原本を備え置くことはできないため「写し」を備え置くこととされる（同条第2項）。定款についても主たる事務所と従たる事務所に備え置かねばならない（第156条）が「写し」という概念は用いられていない。これは、計算書類等には「原本」性

はあっても、定款はある時点における内容を記載するものであり、その内容に変更があれば更新される性質のものであることから「原本」性は問題とならず、備え置きの義務はある時点における内容を書面として備え置く義務であるとして「写し」の概念が用いられていないものである。社員への計算書類等の提供義務についても「原本」性は問題とされていない（第125条）。また、会社法の定款の備え置き義務（第31条）でも同様であり、定款は株主総会の決議によって変更することができる（第466条）が、ある時点までに変更があれば変更後の定款をいうこととなる。

　電子データの場合、NFT：Non-fungible Token（非代替性トークン）という新たな認証技術を用いれば電子データでもオリジナル（原本）の概念が存在しうるが、一般に「原本」と「写し」を区別することが困難であり、法令でも「原本」「写し」を直接規定するものはない。しかし、公文書等の管理に関する法律（以下「公文書管理法」という）には「特定歴史公文書等の原本」（第16条第1項第5号）とあり、「特定歴史公文書等」は電磁的記録を含む（第2条第4項）ものであることから、電磁的記録に原本が存在することとなる。しかし、作成された電子データの保存場所が複数ある場合に「原本」と「写し」を区別できるのか、電子データが印刷された場合に電子データが原本なのか、印刷された書面が原本なのか等の疑問がある。複写機を利用してコピーした場合、コピー文書は「写し」であるものの、「印章、署名を含む原本の内容についてまで、原本そのものに接した場合と同様に認識させる特質」を持ち、「原本と

同一の意識内容を保有し、証明文書としてこれと同様の社会的機能と信用性を有するものと認められる」場合には公文書偽造罪の客体となる文書に含まれるとする判例[11]があり、コピー文書に「原本」と同等の扱いが認められる。これを踏まえれば、公文書管理法では、同一の電子データはいずれも原本であり、印刷された書面も原本といえると考えられる。

　また、電子データに関し「写し」に相当する概念を規定する例もある。例40では、電子データを「出力した書面」や電子データに「記録された情報」が写しに相当するものとされている。例41では、「住民票に記録されている事項」は住民票が電子データである場合を前提とした規定ぶりであり、電子データである「住民票に記録されている事項」を記載した書類が写しに相当するものとされる。なお、住民票記載事項証明書は「写し」とは異なるものである。住民基本台帳法第7条で「記載（前条第3項の規定により磁気ディスクをもって調製する住民票にあっては、記録。以下同じ。）」とされており、住民票記載事項証明書は、住民票が文書の場合でも電子データの場合でも当てはまる概念として規定されている。

例40　文書の開示は、その写しの交付（電磁的記録については、当該電磁的記録を出力した書面の交付又は当該電磁的記録に記録された情報の電磁的方法による提供であって内閣府令で定めるもの）により行う（消費者の財産的被害の集団的な回復のための民事の裁判手続の特例に関する法律第28条第2項）

例41　住民票の写し（第6条第3項の規定により磁気ディスクをもって住民票を調製している市町村にあっては、当該住民票に記

録されている事項を記載した書類。以下同じ。）又は住民票に記載をした事項に関する証明書（以下「住民票記載事項証明書」という。）の交付を請求することができる（住民基本台帳法第12条第1項）

　これらの場合には、作成者が電子データを記録したと認識するコンピュータのサーバ等に記録されている電子データが「原本」であり、それを印刷したものが「写し」と考えることもできる。例42〜例45でも、ある文書が電子データで作成されている場合に、電子データが「記録されている事項」「記録された事項」あるいは電子データ（電磁的記録）そのものが当該文書に相当するものとして規定されている。

例42　電磁的記録に記録されている事項を閲覧させ、又は記録させること（地方税法第762条第1項ロ）

例43　議事録が電磁的記録をもって作成されている場合における当該電磁的記録に記録された事項については、内閣府令で定める署名又は記名押印に代わる措置をとらなければならない（金商法第102条の30）

例44　電子開示手続又は任意電子開示手続が開示用電子情報処理組織を使用して行われた場合には、…書類についてファイルに記録されている事項又は当該事項を記載した書類を公衆の縦覧に供するものとする（金商法第27条の30の7第1項）

例45　事項を記載し、又は記録した書面又は電磁的記録をその本店に備え置かなければならない（会社法第171条の2第1項）

⑷ 電磁的記録

「記録」は無体物としてのデータではなく、ある事柄を書き記した有体物である文書をいう語としても理解され、「事件記録の写し」(行政不服審査法第43条第2項)、「記録、帳簿書類その他の物件」(児童福祉法第57条の3の3第4項)のような例もある。本書では記録について「電子データ」を用いてきたが、法令ではコンピュータのサーバ等に記録されている電子データには「電磁的記録」が用いられる（例42〜例45）。「電磁的記録」は、昭和62年法律第52号による刑法改正において、「本法ニ於テ電磁的記録ト称スルハ電子的方式、磁気的方式其他人ノ知覚ヲ以テ認識スルコト能ハゼル方式ニ依リ作ラルル記録ニシテ電子計算機ニ依ル情報処理ノ用ニ供セラルルモノヲ謂フ」と規定された（第7条ノ2）のが初出であり、以降、この定義が踏襲されている。電子データは「電子的記録」「磁気的記録」「電気的記録」とは呼ばれない。

電磁的記録は無体物であり、電磁的記録が記録された媒体を「電磁的記録媒体」と定義する（第4章例3）ように有体物と区別される。しかし、電磁的記録である電子委任状について「電子委任状を提示」(電子委任状の普及の促進に関する法律第2条第3項)、「電磁的記録の備え置き」(例45)、「電磁的記録の添付」(電子記録債権法第78条第3項)のように電磁的記録が有体物として扱われている例もある。電子データ（電磁的記録）が文書に当たるとするには可視性・可読性が必要である。判例[12]において、平成17年の改正前の旧破産法の「商業帳簿」について、

「可視性、可読性が確保されている電磁的記録が含まれる」とされているが、電磁的記録に直ちに可視性、可読性があるとしたのではなく、商業帳簿に文書性がないため「可視性、可読性が確保されている電磁的記録」は商業帳簿に当たるとされたものである。

電子データは電子的方式など「人の知覚によっては認識することができない方式」によって作成されるが、電子データを送付する場合には「電磁的方法」によって行うとされており、電磁的方法は「電子的方法、磁気的方法その他の人の知覚によつて認識することができない方法」（外為法第6条第1項第7号ハ等）、「電子情報処理組織を使用する方法その他の情報通信の技術を利用する方法」（公認会計士法第25条第3項等）と定義される。電子データの作成は「方式」により、送付は「方法」によることとなる。文書と電子データの関係を表すと例46のような規定ぶりとなる。なお、「書面に記録されている情報の内容を記録した電磁的記録」を単に「書面に係る電磁的記録」と省略するものもある（e-文書法第3条第1項等）。

例46 書面を裁判所に提出した者又は提出しようとする者が当該書面に記録されている情報の内容を記録した電磁的記録を有している場合において…その者に対し、当該電磁的記録に記録された情報を電磁的方法…により裁判所に提供することを求めることができる（破産規則（平成16年最高裁判所規則第14号）第3条第1項）

⑸ **ファイル**

「ファイル」は、書類を綴じ込んだ束（①）、あるいはコンピュータ用語で記憶装置に記録された記録単位となるデータの集まり（②）と理解される。カタカナ語であり、法令で使用するには慎重であるべきであるが、①の「ファイル」は昭和36年法律第26号による関税定率法の改正により同法別表において用いられており、現在でも公文書管理法では行政文書の集合物を「行政文書ファイル」と定義して用いている（第5条第2項）。②の「ファイル」としては、昭和44年法律第68号による道路運送車両法の改正により、同法の「自動車登録原簿」が「自動車登録ファイル」に改められたのが初出である。第6条で「自動車の自動車登録ファイルへの登録は、政令で定めるところにより、電子情報処理組織によって行なう」とされており、ファイルは「原簿」に代わる固有名詞として使用されている。また、政府契約の支払遅延防止等に関する法律では「電子計算機に備えられたファイル」（第11条の2）として用いられている。個人情報保護法の「個人情報ファイル」（第60条第2項）、電子署名等に係る地方公共団体情報システム機構の認証業務に関する法律（以下「公的個人認証法」という）の「個人番号カード用署名用電子証明書失効情報ファイル」（第16条）は、いずれも情報の集合物であり検索することができるように体系的に構成したものと定義されている。

道路運送車両法の自動車登録ファイルが、刑法第157条第1項にいう「権利、義務に関する公正証書の原本」に当たるとし

た判例[13]がある。原本は文書であるとすればファイルが原本に当たることはないが、判例では電磁的記録を記録するものが「原本」に相当するものと理解されている。「自動車登録ファイル」は電磁的記録を記録する物といえるが、個人情報ファイルの場合は「電磁的記録」である。しかし、これも「特に証明方法としての原本性を明定している」場合として原本に当たると考えることが適当である。「法が、公正証書の原本について文書という形態を要求しているのは、一般に文書が証明の確実性を担保するうえですぐれた効用をもつているところから、記録ないし証明の手段として社会の信頼が厚く、従ってこれを特に保護する必要があると考えられていたためであって、文書以外の他の形態のものであつても、権利義務に関する証明の確実性がそれによって確保され、しかも関係の法令がそれを権利義務に関する証明のためのよりどころとすることを明定しているばあい、かかる証明のためのよりどころとされたもの＝媒体は、その文書性に欠けるところがあっても、刑法157条にいう公正証書の原本として保護されてよい」[14]と思われる。

(6) 物　　件

検査権限を規定する条文において、「帳簿書類その他の物件を検査させることができる」と規定される例が多い（公認会計士法第49条の3第2項等）。「物件」は法令用語辞典では「「物」というのとほとんど同意義を示す用語」とされ、「物」が有体物である（民法第85条）とすれば、電磁的記録そのものは無体物であるため検査の対象にはならないようにみえる。このた

め、「書類(その作成又は保存に代えて電磁的記録の作成又は保存がされている場合における当該電磁的記録を含む。)」とする例もあり(国税通則法第34条の6第3項等)、この括弧書がなければ電子データを検査できないとも考えられる。e-文書法の施行に伴う関係法律の整備等に関する法律(平成16年法律第150号)による各法の改正では、書面のみを検査対象としている立入検査規定がある場合に電磁的記録も含むように改正を行っているものもある。行政書士法は、立入検査を定める第13条の22第1項の「関係書類」に「(これらの作成又は保存に代えて電磁的記録の作成又は保存がされている場合における当該電磁的記録を含む。)」を加える改正を行っている。しかし、電子データが記録されているコンピュータ等を物件とし、その検査において電子データを調べることができるとすれば括弧書は確認的な規定と考えることもできる。

　物件の検査のほかに物件の提示や提出を求めることができると規定される例もある(国税通則法第74条の2第1項等)。この場合、物件(例えば帳簿書類)の提出を求めると相手方に支障が生じる場合もあるため「物件(その写しを含む。)」と規定される場合がある。帳簿書類には電磁的記録が含まれるとされており(同法第34条の6第3項等)、電磁的記録は物件そのものと理解すると、電磁的記録の電子的方法による提出や電磁的記録を印刷したものの提出は、物件の提出か写しの提出なのか疑義があるが議論する実益に乏しい。

⑺ 電子化と法令文

　ITCの発達以前に制定されている法令においては、電子データをもって作成、保存、交付等がされることは想定されておらず、書類等が紙であることを前提とした規定ぶりとなっている。文書性がなければ電磁的記録をもって作成等ができる旨の規定は必要がないが、文書性がある場合には規定が必要となる。旧特定債権等に係る事業の規制に関する法律では、特定事業者は書面を提出しなければならない（第8条第1項）とされていたが、「特定事業者は、特定債権に関する事項を次に掲げる仕様及び条件によるフロッピーディスク又は磁気テープのいずれかにセットしたうえで、当該フロッピーディスク又は磁気テープを取引信用室に提出し、取引信用室において、これを当省のシステムから出力、印字させた書面に、表書きを貼付したものを提出書面とする。特定事業者は、このフロッピーディスク又は磁気テープと表書きを取引信用室に提出する」[15]として通達で電子データを認める場合もあった。このほか特例法の制定（電子情報処理組織による税関手続の特例等に関する法律（昭和52年法律第54号））や法改正（昭和60年法律第76号による住民基本台帳法第6条第3項の追加、平成6年法律第63号による建設業法第39条の3（現第39条の4）の追加等）が行われた。

　「議事録」は法改正によらずとも電子データによる作成が許されるとも解されるが、平成14年法律第140号による建物の区分所有等に関する法律の改正では、「議長は、議事録を作成しなければならない」（第42条第1項）、「議事録には、その決議に

ついての各区分所有者の賛否をも記載しなければならない」（第61条第6項）を、「議長は、書面又は電磁的記録により、議事録を作成しなければならない」「議事録には、その決議についての各区分所有者の賛否をも記載し、又は記録しなければならない」に改正された。

　現在はe-文書法で「民間事業者等は、保存のうち当該保存に関する他の法令の規定により書面により行わなければならないとされているもの（主務省令で定めるものに限る。）については、当該法令の規定にかかわらず、主務省令で定めるところにより、書面の保存に代えて当該書面に係る電磁的記録の保存を行うことができる」（第3条第1項）とされ、また、デジタル行政推進法により、原則として、行政機関等は「作成等のうち当該作成等に関する他の法令の規定において書面等により行うことが規定されているものについては、当該法令の規定にかかわらず、主務省令で定めるところにより、当該書面等に係る電磁的記録により行うことができる」（第9条第1項）とされる。このため、これらの法律の適用を受ける場合には個別の法律において文書と電磁的記録の場合に応じた書き分けを行う必要はなくなった。

　書き分けによって、「又は」「若しくは」等の接続詞が増え、「記載し、又は記録する」等の記述など条文が読みにくくなっている。文書（有体物）を前提とした条文とし、デジタル行政推進法等によって電磁的記録にも対応するほうが分かりやすいと思われるが、法律レベルで規定したほうが分かりやすいとして、引き続き、法律において電磁的記録で作成できる旨を規定

する例もある（例えば平成28年法律第21号による社会福祉法の改正）。

《注》
1 厚生労働省年金局長発通知「生計維持関係等の認定基準及び認定の取扱いについて」（平成23年3月23日）の「5 事実婚関係」。
2 内閣法制局法制意見「国家公務員共済組合法にいう配偶者の意義について」（昭和38年9月28日）。
3 最一小判平成19年3月8日（民集61巻2号518頁）。
4 平成30年5月11日第196回衆議院質問主意書第257号に対する政府答弁書。
5 山本・50頁注11・21頁。
6 平成22年4月19日第174回参議院総務委員会、内閣委員会連合審査会古川俊治委員。
7 平成20年3月25日第169回国会衆議院質問第221号「後期高齢者医療制度の呼称等に関する質問主意書」提出者平野博文。
8 大判明治43年9月30日（刑録16輯1572頁）。
9 法務省民事局「商業帳簿の電磁的記録による保存について」（平成7年3月）。
10 武田隆二編著『新会社法と中小会社会計』85頁（中央経済社、2006年）。
11 最二小判昭和51年4月30日（刑集30巻3号453頁）。
12 最三小判平成14年1月22日（刑集56巻1号1頁）。
13 最一小判昭和58年11月24日（刑集37巻9号1538頁）。
14 前掲注13における谷口正孝裁判官補足意見。
15 「特定債権等に係る事業の規制に関する法律第8条第1項の規定に基づく書面の提出要領について」（平成5年9月10日通産省取信第5号）。

第4章

法令の用語と用法(2)

1 規定する

(1) 「規定する」と「の」

ある条項（第A条）に語句（X）が規定されている場合にXを引用するときには、「第A条に規定するX」又は「第A条のX」と表記される。「第A条に規定するX」は、Xという語句そのものを引用する場合に用いられる。「第A条のX」は、第A条においてXという語句（事項）が持つ意味内容を指す場合に用いられる。これに対し「条文の中の名詞を引用するときは、「第○項の○○」というように単に「の」を用いて引用する」「条文中にずばりの名詞がないときは、「第○項に規定する○○」としなければならない」[1]とするものもあるが、ワークブックで「「前項に規定する場合において」という語は、…当該前項中の一部分のみをうけるのであり、「前項の場合において」という語が、前項の全部をうけるのとは、明らかに異なる」とされるように、「規定する」は特定の語句を指す（引用する）場合に用いられ、「の」は全体の意味内容を指す場合に用いられる。

例1では第5号の括弧書の中の「証書」を指して「第5号に規定する証書」とされる。例2では第8条第2項に「前項の期間」とあるが、同条第1項に「期間」という語はなく、「届出書を受理した日から15日を経過した日」という期間を意味している。「規定する」を意味内容を指す場合に用いる例もある（例

2の第11条など）が、意味内容を指す場合には「第Ａ条の罪」「第Ａ条の違反行為」「第Ａ条の基本理念」など、「の」を用いて表記するのが一般的である。

　第Ａ条中の語句（Ｘ）を引用するときは「第Ａ条に規定するＸ」で足りる。第Ｂ条が第Ａ条を準用している場合でも「第Ａ条（第Ｂ条において準用する場合を含む。）に規定するＸ」とする必要はなく「第Ａ条に規定するＸ」でよいが、Ｘの意味が第Ｂ条とも関連している場合には「第Ａ条（第Ｂ条において準用する場合を含む。）に規定するＸ」としなければ第Ｂ条において準用する場合のＸは含まれないと解されるおそれがある。例２の第11条の場合「第８条第１項に規定する期間」が第５条第１項の規定による届出書を受理した日が起算点となっており、第23条の５第１項において第８条を準用する場合にその起算点が「第23条の３第１項に規定する発行登録書を受理した日」となるよう、「第８条第１項（第23条の５第１項において準用する場合を含む。）に規定する期間」と規定される。

　例３では、第10条第１項に規定されている電磁的記録媒体は第３条第４項の「個人番号カードその他の総務省令で定める電磁的記録媒体」を指し、この媒体に記録するというだけの趣旨であれば「第３条第４項に規定する電磁的記録媒体」でよいと思われる。しかし、第３条の２第２項で同条第１項の申請について第３条を準用しており、括弧書を付けないと準用する場合の「電磁的記録媒体」は含まれないのではないか、準用する場合には語句そのものがなく「規定する」でよいか、疑問があるとして「第３条第４項（第３条の２第２項において準用する場合

を含む。）の電磁的記録媒体」とされる。

例1　銀行法

第10条第2項

　二　有価証券（第5号に規定する証書をもって表示される金銭債権に該当するもの及び短期社債等を除く。）の売買又は有価証券関連デリバティブ取引

　五　金銭債権（譲渡性預金証書その他の内閣府令で定める証書をもって表示されるものを含む。）の取得又は譲渡

例2　金商法

第8条　第4条第1項から第3項までの規定による届出は、内閣総理大臣が第5条第1項の規定による届出書（…）を受理した日から15日を経過した日に、その効力を生ずる。

2　前項の期間内に前条第1項の規定による訂正届出書の提出があった場合における前項の規定の適用については、内閣総理大臣がこれを受理した日に、第5条第1項の規定による届出書の受理があったものとみなす。

第11条　内閣総理大臣は、有価証券届出書のうちに重要な事項について虚偽の記載がある場合において、公益又は投資者保護のため必要かつ適当であると認めるときは、…届出者に対し、…効力の停止を命じ、又は第8条第1項（第23条の5第1項において準用する場合を含む。）に規定する期間を延長することができる。（以下略）

例3　公的個人認証法（令和元年法律第16号による改正後）

第3条

　4　住所地市町村長は、…これらを当該申請者の個人番号

カード（…）その他の総務省令で定める電磁的記録媒体（電磁的記録に係る記録媒体をいう。以下同じ。）に記録するものとする。

第10条　署名利用者は、…当該署名利用者符号を記録した第３条第４項（第３条の２第２項において準用する場合を含む。）の電磁的記録媒体が使用できなくなったときは…速やかに機構にその旨の届出をしなければならない。

(2) 「規定する」と「規定による」

　ある条項（第Ａ条）にある行為（免許、登録、届出、取消等）が定められているときに、その行為を名詞として引用する場合に、「規定する」「の」のほかに、「規定による」と表記される場合がある。第Ａ条で行為が名詞で表記されている場合、例えば「届出をしなければならない」とある場合には「第Ａ条の届出」「第Ａ条に規定する届出」と表記し、動詞で表記されている場合、例えば「届け出なければならない」とある場合には「第Ａ条の規定による届出」と表記することとされる。これに対し、「「認可する」と動詞になっている場合において、それを名詞として引用するときは、「第○項に規定する認可（については）」と「第○項に規定する」を用いなければならない」とするもの[2]もある。

　例２では、第４条は「届出をしている」と名詞で規定されているが「第４条…の規定による届出」とされる。第５条第１項は「届出書を…提出しなければ」とあるが、「規定による届出書」とされる。「届け出なければならない」と規定される届出

を「の届出」と規定する例（会社法第959条第3号、日本郵便株式会社法第23条第3号等）も多い。また、登録、認可等を受けなければならないと規定される場合に、登録、認可等は名詞であっても「規定する登録」等ではなく「規定による登録」とする例が多い。

なお、「による」「により」とする場合には、「第○条の規定による」として「規定」を用いるのが通例である。「第Ａ条による」として「規定」を省略する例もある（金商法施行令第4条の2の10第8項等）が少数であり、「規定」を省略した「による○○」の表記は、「条による改正後の」「条による改正前の」など定型的な用例がほとんどである。

「規定による」を用いず、「規定する」「の」を用いるのでは解釈に疑義が生じうる場合がある。例4では、第120条の28第1項では「共済事業のほか、…共済金を交付する事業」とあり、同条第2項の「前項の事業」には「共済事業」を含むようにみえるが、「共済金を交付する事業」を指す。第121条第2項では「前項に規定する事業」が「掲げる共済事業」を指すとも解しうる。このため、平成29年法律第74号による改正により例5のように「規定による事業」とされる。

例4　旧農業災害補償法（平成29年法律第74号による改正前）

　第120条の28　特定組合は、…の規定による共済事業のほか…共済金を交付する事業を行うことができる。

　2　<u>前項の事業</u>には、第111条の4並びに保険法…の規定を準用する。

　第121条　農業共済組合連合会は、組合員たる組合等が…に

掲げる共済事業によってその組合員等に対して負う共済責任を相互に保険する事業を行う。

2　農業共済組合連合会は、<u>前項に規定する事業</u>のほか、…事業を行うことができる。

例5　農業保険法

第163条　特定組合は、…の規定による共済事業のほか、…共済金を交付する事業を行うことができる。

4　前3項の<u>規定による事業</u>には、第115条並びに保険法…の規定を準用する。

第164条　都道府県連合会は、その組合員たる組合等が…に掲げる共済事業によってその組合員等に対して負う共済責任を相互に保険する事業を行う。

2　都道府県連合会は、前項の<u>規定による事業</u>のほか、…事業を行うことができる。

条文（第Ａ条）中に「指定するＹ」と規定されるが、指定の仕組み（条文）が規定されていない場合がある。この指定を引用するときにも第Ａ条の「規定による」が用いられる（例6、例7）。条文中に「指定するＹ」とあることが指定の根拠規定と考え、「規定による」指定と表記されていると思われる。また、「の」が用いられる例もある（例8）。

例6　戸籍法

第118条　法務大臣の指定する市町村長は、法務省令で定めるところにより戸籍事務を電子情報処理組織（…）によって取り扱うものとする。（以下略）

2　<u>前項の規定による指定</u>は、市町村長の申出に基づき、告

示してしなければならない。

例7　貿易保険法

　第29条　会社は、次に掲げる方法による場合を除くほか、業務上の余裕金を運用してはならない。

　　一　国債、地方債、政府保証債（…）その他経済産業大臣の指定する有価証券の取得

　　二　銀行その他経済産業大臣の指定する金融機関への預金

　第35条　経済産業大臣は、次の場合には、財務大臣に協議しなければならない。

　　三　第29条第1号又は第2号の<u>規定による指定</u>をしようとするとき。

例8　ガス事業法

　第29条

　3　経済産業大臣は、その指定する者に、ガス主任技術者試験の実施に関する事務を行わせることができる。

　第109条　第29条第3項<u>の指定</u>は、…ガス主任技術者試験の実施に関する事務（…）を行おうとする者の申請により行う。

　条文中に語句（Ｘ）がある場合には、「規定するＸ」「のＸ」「規定によるＸ」としてＸを引用することができることとなる。農業保険法では「国庫は…交付金を交付する」（第18条）とあり、同法施行令では、「第18条の交付金」（第2条）とされる。介護保険法では「交付金を交付する」（第122条の3第1項）とあり、同法施行令では「第122条の3第1項の規定による交付金」（第38条第3項第2号）とされる。

条文中に語句（Ｘ）がない場合には「規定するＸ」等とすることは適当ではないとされる。しかし、語句がなくとも意味を捉えて「規定するＸ」等とする例は多い。農業保険法では「国庫は…金額を負担する」（第10条第１項）とあり同法施行令では「第10条第１項…の規定による負担金」（第１条）とされる。都市計画法第75条第１項では「負担させることができる」とあり同条第２項では「その負担金」とされる。特定多目的ダム法第７条第１項では「負担しなければならない」とあり同条第２項では「前項の負担金」とされる。

(3) 「規定する」と「掲げる」

　「規定する」は条項中のある語句を引用する場合に用い、「掲げる」は号、イロハなどで事項を列挙する場合に「次に掲げるもの」「次に掲げる行為」等として用いられる（例９下線部分）。また、号などに掲げられている語句を引用する場合にも用いられる（例９二重下線部分）。「掲げる」事項のうちの特定のものを引用する場合には「規定する」が用いられる（例９波線部分）が、「掲げる」と「規定する」を区別せず用いる例もある（例10二重下線部分と波線部分）。

例９　金商法
　第２条　この法律において「有価証券」とは、次に掲げるものをいう。
　　十　投資信託及び投資法人に関する法律に規定する投資信託又は外国投資信託の受益証券
　　十六　抵当証券法に規定する抵当証券

8　この法律において「金融商品取引業」とは、次に掲げる行為（…）のいずれかを業として行うことをいう。

　七　有価証券（次に掲げるものに限る。）の募集又は私募
　　イ　第１項第10号に規定する投資信託の受益証券のうち、投資信託及び投資法人に関する法律第２条第１項に規定する委託者指図型投資信託の受益権に係るもの
　　ロ　第１項第10号に規定する外国投資信託の受益証券
　　ハ　第１項第16号に掲げる有価証券

例10　金商法

第59条の２　前条第１項の許可を受けようとする者は、次に掲げる事項（許可申請者が個人である場合には、第３号及び第４号に掲げる事項を除く。）を記載した許可申請書を内閣総理大臣に提出しなければならない。

　三　資本金の額又は出資の総額

２　前項第３号に規定する資本金の額又は出資の総額の計算については、政令で定める。

(4)　「規定する」と「定める」

　ある条項中に規定される語句が持つ意味内容を指す場合に「の」が用いられるが、このほかに「定める」も用いられる（「に定める期間」「に定める事項」「に定める財務大臣の権限」等）。語句を引用する場合に「定める」を用いるときは「に定める」が一般的であり、「の定める」「で定める」とする例は少ない（「の定める手続」（民事訴訟法第132条の６第４項）、「で定める圧力」（電気事業法第55条第１項第１号）等）。「の」と「定める」のい

ずれを用いるかは語調で判断されていると思われる。

このほか、「定める」には、「第○条に定めるもののほか」「第○条に定めるところにより（よる）」「政令で定める」「各号に掲げる○　当該各号に定める△」という定型的な用例がある。このような定型的用例でも「当該各号に定める」を「当該各号に<u>規定する</u>」（金商法第33条の8第2項）とするものもある。

2　当　　該

(1)　用いられ方

法令において「当該」は、次の①〜④の意味に用いられる。
① 　連体詞「その」とほぼ同義であり、「問題となっている当の」という意味。

先行する語句（X）を再び記述する際に、同じXを指すために「当該X」とされる（例11下線部分）。「X（…に限る。）」「…を行ったX」等の修飾語句を含む場合には、その修辞語句を含めたXを指す。当該を用いることでその語句に係る修飾語句を省略することができる。
② 　ある事物・行為を想起して、その事物・行為に係る冠としての意味。

何か物事を話題にする場合の「ある」の意味であり、先行する語がない。例11では、第7条第2項中の「当該銀行」（二重下線部分）の前に「銀行」の語はなく、申請を行ったところの当の銀行の意味で「当該」が用いられる。例12では、

二重下線部分の当該は「各事業年度」という語句が先行しているもののどの事業年度でもよいという意味であり、ある事業年度を特定した場合にその事業年度という意味の当該（下線部分）と異なる。

③　それぞれに対応する、という意味。

「各号に掲げる○　当該各号に定める△」という定型的な用例（第1章の例33）においては、ある号に掲げられた○について、その号に定める△の意味で「当該」が用いられる。②の意味の「問題となっている当の」号ともいえるが、それぞれの号に対応するという意味となる。

④　権限、職責を有する、という意味。

「内閣総理大臣は、銀行の業務の健全かつ適切な運営を確保するため必要があると認めるときは、当該職員に銀行の営業所その他の施設に立ち入らせ…検査させることができる」（銀行法第25条第1項）のように、先行する語句（職員）がなく「当該職員」とし、その職務について権限・職責を有する職員を意味する慣用的な用例がある。「権限のある公務員」（刑法第107条等）の例もあるが、立入検査に関する規定では「権限のある職員」の用例はなく「当該職員」が一般的である。ただし、「その職員」とする例も多数ある。

例11　銀行法

第7条　銀行の常務に従事する取締役（…）は、内閣総理大臣の認可を受けた場合を除くほか、他の会社の常務に従事してはならない。

2　内閣総理大臣は、前項の認可の申請があったときは、当

該申請に係る事項が<u>当該</u>銀行の業務の健全かつ適切な運営を妨げるおそれがないと認める場合でなければ、これを認可してはならない。

例12　各事業年度の所得の金額の計算上<u>当該</u>事業年度の損金の額が<u>当該</u>事業年度の益金の額を超える場合におけるその超える部分の金額（法人税法第2条第19号）

(2) 「その」との違い

「当該」は、ワークブックでは基本的には「その」という連体詞と異なるところはないとされる。「単なるニュアンスの違いにすぎないように思われる」[3]、「単に「その」で受けるよりも、限定された意味あいが強くなっている。「その」との違いはこうしたニュアンスの違いであり、意味が異なるわけではない」[4]ともいわれるが、「その」には関係性を示す役割もあるため、「当該」を用いたほうがより的確である場合がある。

例13では、その上場（波線部分）を「当該」上場としても違いはないが、当該子会社（二重下線部分）を「その」子会社とすれば、括弧書の直前の子会社の子会社と理解する余地がある。例14では、一般ガス導管事業者はガス小売事業者に対してガス供給を行うことがあり、「当該」（二重下線部分）を「その」一般ガス導管事業者とする場合、文頭のガス小売事業者に対しガス供給を行っているところの一般ガス導管事業者と理解する余地がある。

例13　金商法

第124条

2　第121条の規定にかかわらず、金融商品取引所は、次に掲げる者が…その開設する取引所金融商品市場に上場しようとする場合には、その上場しようとする取引所金融商品市場ごとに、その都度、その上場について、内閣総理大臣の承認を受けなければならない。(ただし書略)

二　当該金融商品取引所の子会社(当該子会社が株式会社金融商品取引所、金融商品取引所持株会社又は親商品取引所等である場合を除く。)

例14　ガス小売事業者(一般ガス導管事業者が最終保障供給を行う場合にあっては、当該一般ガス導管事業者。)は、…ガスを消費する場合に用いられる機械又は器具を使用する者に対し、当該ガス小売事業者が供給するガスの使用に伴う危険の発生の防止に関し必要な事項を周知させなければならない(ガス事業法第159条)

(3)　「当該」の必要性

　先行する語句(X)が集合名詞(株主、事業者等)である場合に、Xがある行為を行った場合のXを再度表記する際に、例えば「公認会計士が会社その他の者の財務書類について第2条第1項の業務を行った場合には、当該公認会計士は、…就いてはならない」(公認会計士法第28条の2)のように、「Xが〇〇を行った場合」のその〇〇を行ったところのXという意味で「当該」が用いられる((1)①参照)。「当該X」とせず単に「X」とした場合には、同じ集合に属する他のXも含まれると解される余地があり、公認会計士法の例では、ある公認会計士が業務

を行った場合には全ての公認会計士は就いてはならない、との意味と理解されうる。なお、この条文は「公認会計士は、会社その他の者の財務書類について第2条第1項の業務を行った場合には、…就いてはならない」と規定することができ、このように条件節と主文に共通する主語を置けば、2文目で「当該公認会計士は」と「当該」を付ける必要がない。同法第25条第1項では「公認会計士は、会社その他の者の財務書類について証明をする場合には、いかなる範囲について証明をするかを明示しなければならない」と規定されている。

　例13は、金融商品取引所が自らの子会社を自らが開設する取引所金融商品市場に上場しようとする場合であるが、当該（下線部分）がない場合には、他の金融商品取引所の子会社が上場しようとする場合も対象であるように理解されうる。例15では、第204条の「当該株主」に「当該」がない場合、ある株主が期日までに申込みをしないときは全ての株主が権利を失うとも解されうる。また、第126条では当該（下線部分）がなく単に「株主」では通知・催告の対象ではない株主の住所にあてればよいとも解されうる。第126条に相当する旧商法第224条では単に「株主」とされていた。しかし、第182条の3では個々の株主を問題としていないため、「当該株主」とされていない（二重下線部分）。

例15　会社法

　第126条　株式会社が株主に対してする通知又は催告は、株主名簿に記載し、又は記録した<u>当該</u>株主の住所（…）にあてて発すれば足りる。

第182条の3　株式の併合が法令又は定款に違反する場合において、<u>株主</u>が不利益を受けるおそれがあるときは、株主は、株式会社に対し、当該株式の併合をやめることを請求することができる。

　第204条

　4　第202条の規定により株主に株式の割当てを受ける権利を与えた場合において、株主が同条第1項第2号の期日までに前条第2項の申込みをしないときは、<u>当該</u>株主は、募集株式の割当てを受ける権利を失う。

これに対し、先行する語句が固有名詞（独立行政法人等）など複数の存在がないことが明らかな場合には「当該」が用いられない。職業能力開発促進法ではキャリアコンサルタント資格試験を実施し、資格試験業務を登録試験機関に行わせることができる（第30条の5）が、登録試験機関の数は1つに限定されていない。キャリアコンサルタントの登録については指定登録機関に登録業務を行わせることができ（第30条の24）、指定登録機関の数は1つに限られる（第30条の25）。資格試験、登録については手数料を納付する必要があり（第97条第1項）、同法施行令では、国が試験、登録を行わないことを前提に各機関に手数料を支払う旨が規定されている（第5条、第6条）。登録試験機関は複数ありえるため登録試験機関に対して支払う手数料については、試験を行う「当該登録試験機関」と規定され（第5条第1項）、指定登録機関は1つしかないため指定登録機関に対して支払う手数料については単に「指定登録機関」とされる（例16）。

国税に関して、納税申告書について郵送等に係る提出時期に関し規定があり、括弧書で納税申告書に添付すべき書類（添付書類）を含むとしている（例17）。添付書類は納税申告書と同時に提出することが想定されているが、添付書類のみを提出した場合にこの規定の対象となるかについて、「納税申告書（納税申告書に添付すべき…）」という表現であれば一般的に添付書類だけを郵送しても適用があるが、「納税申告書（当該申告書…）」と規定されており、今まさに提出しようとしているその納税申告書と一緒にその申告に関連する添付書類について適用があるとされ[5]、「当該」の有無によって意味が異なるとされている。

例18では、同じ文章構造でありながら第6号では「同」、第8号では「これら」とされ、第7号では「当該」とされる。第7号、第8号では指し示す条に括弧書が付いており、「これらの規定」であれば括弧書が付くのは明らかであるが、「同項の規定」では括弧書が付かないようにみえるため「当該規定」とされる。

例16 職業能力開発促進法施行令

第5条　法第30条の5第1項の規定に基づき登録試験機関が行うキャリアコンサルタント試験を受けようとする者は、<u>当該</u>登録試験機関に手数料を納付しなければならない。

第6条　法第30条の24第1項の規定に基づき指定登録機関が行う登録…を受けようとする者は、指定登録機関に手数料を納付しなければならない。

例17 国税通則法

第22条　納税申告書（<u>当該</u>申告書に添付すべき書類その他<u>当該</u>

申告書の提出に関連して提出するものとされている書類を含む。）…が郵便又は信書便により提出された場合には、その郵便物又は信書便物の通信日付印により表示された日にその提出がされたものとみなす。

例18 外国人の技能実習の適正な実施及び技能実習生の保護に関する法律施行令第１条

　　六　最低賃金法第40条の規定及び同条の規定に係る同法第42条の規定

　　七　労働施策の総合的な推進並びに労働者の雇用の安定及び職業生活の充実等に関する法律第40条第１項（第２号に係る部分に限る。）の規定及び当該規定に係る同条第２項の規定

　　八　建設労働者の雇用の改善等に関する法律第49条、第50条及び第51条（第２号及び第３号を除く。）の規定並びにこれらの規定に係る同法第52条の規定

「当該」が必要であるか否かの判断は難しい。例19では、第29条の４第４項と第87条の３第３項は同様の規定であるが、前者では「当該会社」とされ、後者では単に「法人」とされる。例20では、第１項では文頭の「退職年金」を受けて「当該退職年金」としているが第４項では単に「退職年金」としている。立案者としては先行する語句を受ける場合には「当該」を付けがちである。しかし、例21では、外国人観光旅客と外国語との間にリンクはないため「当該」がなければ何語でもいいから外国語（例えば英語）で説明する義務となるが、「当該外国語」「当該者に係る外国語」と規定すれば外国人の国に応じた外国

語での説明義務となる。

「当該」を削除する改正が行われる場合もある。平成29年法律第52号による介護保険法の改正で、例22の介護老人保健施設（下線部分）に付いていた「当該」を削除する改正を行っている。しかし第104条第1項第8号ただし書については、検査忌避等をしたところの「当の」の意味で当該が付いてもよいのかもしれない。

例19　金商法

第29条の4

　4　第1項第5号ニ及び前項の「子会社」とは、会社がその総株主等の議決権の過半数を保有する他の会社をいう。この場合において、会社及びその1若しくは2以上の子会社又は<u>当該</u>会社の1若しくは2以上の子会社がその総株主等の議決権の過半数を保有する他の会社は、当該会社の子会社とみなす。

第87条の3

　3　前2項の「子会社」とは、法人がその総株主等の議決権の過半数を保有する会社をいう。この場合において、法人及びその1若しくは2以上の子会社又は<u>法人</u>の1若しくは2以上の子会社がその総株主等の議決権の過半数を保有する会社は、当該法人の子会社とみなす。

例20　国家公務員共済組合法

第80条　退職年金の受給権者であって<u>当該</u>退職年金を請求していないものは、連合会に当該退職年金の支給の繰下げの申出をすることができる。

4　退職年金の受給権者が、退職年金の受給権を取得した日から起算して 5 年を経過した日後に当該退職年金を請求し、かつ、当該請求の際に第 1 項の申出をしないときは、当該請求をした日の 5 年前の日に同項の申出があったものとみなす。(ただし書略)

例21　住宅宿泊事業者は、外国人観光旅客である宿泊者に対しては、外国語を用いて前項の規定による説明をしなければならない（住宅宿泊業法第 9 条第 2 項)

例22　介護保険法

第104条

八　介護老人保健施設の開設者等が、第100条第 1 項の規定により出頭を求められてこれに応ぜず、…検査を拒み、妨げ、若しくは忌避したとき。ただし、介護老人保健施設の従業者がその行為をした場合において、その行為を防止するため、当該介護老人保健施設の開設者又は管理者が相当の注意及び監督を尽くしたときを除く。

第104条の 2 　都道府県知事は、次に掲げる場合には、介護老人保健施設の開設者の名称又は氏名…その他の厚生労働省令で定める事項を公示しなければならない。

(4)　前の語句の受け方

　前にある語句を受けて「当該〇〇」と表記する場合、「当該者」（例23）のように、修飾語を含む語句（「協会に加入しない者」）の全てを繰り返して表記する必要はないが、定義語、例えば「特定投資家等取得有価証券一般勧誘」であればそれを受

けるのは「当該特定投資家等取得有価証券一般勧誘」(金商法第4条第3項)と定義語を繰り返す必要があり、「当該勧誘」として定義語の一部をとって規定しないことが原則である。例外もあり、国税通則法では第2条第6号で「納税申告書」を定義しているが、第22条で「納税申告書（当該申告書…）」と規定される（例17）。

また、ある規定で「〇〇をしたＸ」「Ｘ（…を除く。）」などある語句（Ｘ）の内容が調整される場合がある。この場合に「当該Ｘ」とすれば内容が調整されたＸであることは明らかである（例23）。Ｘに「〇〇をしたＸ（△△という。以下この条において同じ。）」「Ｘ（…を除く。以下この条において同じ。）」等と定義を付ける必要はない（例24）。しかし、例25では当該を用いつつ定義を及ばせている（波線部分）。例26では括弧書と「自ら居住するため住宅を必要とする」という修飾語句が付いた高齢者を「当該高齢者」として受けているが括弧書で「以下この号において同じ」とされる。例27では当該災害（下線部分）が括弧書を含むものであることは明らかであるが、次の災害（二重下線部分）も「当該災害」とする場合、下線部分の災害を指すように解されうる。このため、括弧書に「以下この号において同じ」と規定している。このように当該で受ける場合でも定義を付ける例も多い。例28では、下線部分の当該は「その」の意味（(1)①参照）で用いられているが、二重下線部分の訂正発行登録書には「当該」が付けられておらず、「以下この条において同じ」のような定義も付けられていない。このため、参照書類の提出命令はできないと解しうることとなる。

例23 協会に加入しない者であって、協会の定款その他の規則（…）に準ずる内容の社内規則（当該者又はその役員若しくは使用人が遵守すべき規則をいう。）を作成していないもの又は当該社内規則を遵守するための体制（金商法第33条の5第1項第4号）

例24 財務大臣は、居住者又は非居住者による資本取引（前条に規定する資本取引をいい、…を除く。次条第1項、第55条の3及び第70条第1項において同じ。）が何らの制限なしに行われた場合には、…当該資本取引を行おうとする居住者又は非居住者に対し、当該資本取引を行うことについて、許可を受ける義務を課することができる（外為法第67条）

例25 特定有価証券届出書提出会社が、第5条第12項の規定によりみなされた同条第1項の届出書に係る特定有価証券（…）につき、半期報告書（当該特定有価証券に係る特定期間が6月を超えない場合にあっては、有価証券報告書）（以下この項及び次項において「半期報告書等」という。）を提出した場合には、当該半期報告書等を当該届出書に係る第1項の訂正届出書と…みなして、金融商品取引法令の規定を適用する（金商法第7条第4項）

例26 賃貸住宅の入居者の資格を、自ら居住するため住宅を必要とする高齢者（国土交通省令で定める年齢その他の要件に該当する者に限る。以下この号において同じ。）又は当該高齢者と同居するその配偶者とするものであること（高齢者の居住の安定確保に関する法律第45条第1項第3号）

例27 災害（発生した日から起算して3年を経過していないもの

に限る。以下この号において同じ。）により滅失若しくは損傷した住宅に当該災害が発生した日において居住していた者又は災害に際し災害救助法が適用された同法第2条に規定する市町村の区域に当該災害が発生した日において住所を有していた者（住宅確保要配慮者に対する賃貸住宅の供給の促進に関する法律第2条第1項第2号）

例28 内閣総理大臣は、発行登録書（当該発行登録書に係る参照書類を含む。）及びその添付書類若しくは第23条の4の規定による訂正発行登録書（当該訂正発行登録書に係る参照書類を含む。）に形式上の不備があり、又はこれらの書類に記載すべき重要な事項の記載が不十分であると認めるときは、これらの書類の提出者に対し、訂正発行登録書の提出を命ずることができる（金商法第23条の9第1項）

3 その他、その他の

(1) 「その他」と「その他の」の違い

多数の事項を並べて規定する場合に、「その他」「その他の」が用いられるときがあるが、両者には意味の違いがある。

「A、B、Cその他X」　　A、B、C　X
「A、B、Cその他のY」　(A、B、C) Y

ワークブックでは、「その他」は「その他」の前にある語句（A、B、C）と「その他」の後にある語句（X）とが並列・対等の関係にある場合に用い、「その他の」は「その他の」の前

にある語句（Ａ、Ｂ、Ｃ）がより内容の広い意味を有する語句（Ｙ）の例示として、その一部をなしている場合に用いられるとされる。例29では、「合併」等は「会社の組織に関する行為」と並列であり、例30では、「新聞」等は「不特定多数の者に販売することを目的として発行されるもの」と並列となる。「その他」の前に規定されるものは代表列挙とされる[6]。これに対し、「その他の」の後の語句（Ｙ）はいわば全体であり、「その他の」の前の語句（Ａ、Ｂ、Ｃ）はその一部であり例示列挙とされる[7]。例31では、「金銭の貸付けを業として行う者」は「銀行業を営む者」を包含する広い概念であり、その一部、例示として「銀行業を営む者」が規定される。例32～例34なども同様である。

なお、例35のように「Ａ、Ｂその他これらに準ずる（類する）Ｘ」の規定ぶりは、Ａ、ＢとＸが並列であるため問題はないが、「Ａ、Ｂその他のこれらに準ずるＹ」という規定ぶりは、Ｙが全体を表しＡ、Ｂはその一部とする考え方に合わない。ただし例外もある（「その他のこれらに類する定型的な業務」（沖縄振興特別措置法施行令第３条第１号ハ））。

例29 合併、会社分割、株式交換その他会社の組織に関する行為（金商法第２条の３第１項）

例30 新聞、雑誌、書籍その他不特定多数の者に販売することを目的として発行されるもの（金商法第２条第８項第11号）

例31 銀行業を営む者その他の金銭の貸付けを業として行う者（金商法第２条第１項第18号）

例32 口頭、文書その他の方法（金商法第２条第８項第11号）

例33　利率、償還期限その他の条件（金商法第 2 条第24項第 5 号）

例34　文書、図画、音声その他の資料（金商法第13条第 5 項）

例35　会社、組合その他これらに準ずる事業体（金商法第57条の10第 2 項）

「その他」と「その他の」の意味の違いは命令への委任と結びつくときに明らかになる。例36では、「銀行」「優先出資法第 2 条第 1 項に規定する協同組織金融機関」は「政令で定める金融機関」と別個独立したものとして存在し、政令では「銀行」「優先出資法第 2 条第 1 項に規定する協同組織金融機関」以外のものを規定することとなる（金商法施行令第 1 条の 9 では「銀行」等は規定されない）。これに対し例37では、「破産手続開始の決定」は「重要な事情の変更」の例示であり、政令で「破産手続開始の決定」を改めて規定する必要がある（同令第14条第 1 項）。

例36　銀行、優先出資法第 2 条第 1 項に規定する協同組織金融機関その他政令で定める金融機関（金商法第 2 条第 8 項）

例37　破産手続開始の決定その他の政令で定める重要な事情の変更（金商法第27条の11第 1 項）

例38　銀行、協同組織金融機関その他の政令で定める金融機関（電子記録債権法第58条第 1 項）

このように「その他政令で定める」と「その他の政令で定める」には違いがある。このため命令で定める範囲についても、後者（例示列挙）は前者（代表列挙）に比べて定める範囲が制限されるとの考え方[8]もある。しかし、代表列挙であっても「代

表列挙されたものとかけ離れたもの、これは規定することは予定されていない」[9]とされるように、両者に差があるとはされていない。「かけ離れているか否か」は、航空機による国賓等の輸送について定める自衛隊法第100条の5第1項の「国賓、内閣総理大臣その他政令で定める者」に関して、「いわゆるVIPといった社会的地位にのみ着眼して判断すべきものではなくて、その者の置かれた状況なり国による輸送の必要性、そういったその他諸般の事情を総合して評価すべきである」[10]とされている。この結果、政令で定める者については、湾岸危機に伴う避難民の輸送に関する暫定措置に関する政令（平成3年政令第8号）によって、当分の間、自衛隊法施行令第126条の16に規定する者のほか、湾岸危機に伴い生じた避難民について国際機関から輸送の要請があった者とするとされた（この政令は平成3年政令第146号により廃止された）。

　実際にも「その他政令で定める権利」「その他の政令で定める場合」等と規定する場合、「権利」「場合」等というものの概念が広く、命令において定めるものは代表列挙・例示列挙されているものによって制限されると理解しなければ命令への包括的な委任となる。「その他」「その他の」のいずれの規定ぶりでも代表列挙・例示列挙されているものに準じたものを命令で定めることとなる。例39の「その他の団体」は「営利企業を営むことを目的とする団体」と解されるとされるように、例示によりその内容が明らかにされる。

例39　職員は、商業、工業又は金融業その他営利を目的とする
　　私企業（以下営利企業という。）を営むことを目的とする会社

その他の団体の役員、顧問若しくは評議員の職を兼ね、又は自ら営利企業を営んではならない（国家公務員法第103条第1項）

　実務上は「その他」「その他の」の違いを明確に認識することなく、語調で使い分けていると思われる。例29、例30は、並列（代表列挙）というより、「会社の組織に関する行為」「不特定多数の者に販売することを目的として発行されるもの」という概念に含まれるものの例示として「合併」「新聞」等が規定されていると理解もできる。また、同じ内容でも「その他」（例36）と「その他の」（例38）が使い分けられているが、違いは明確ではない。

　なお、法律で検査権限の対象として「Ａ、Ｂその他の関係者」と規定する場合に、Ａ、Ｂが「関係者」の中に含まれると理解する場合と、「関係者」ではないと理解する場合がある。例40では「製造者、輸入者、販売者若しくは農薬使用者若しくは除草剤販売者」は対象者として規定があるため、「農薬原体を製造する者」のみが関係者の例示として規定される。例41では「金融商品取引業者等」は対象者として規定があるが「関係者」の例示として規定される。

例40　製造者、輸入者、販売者若しくは農薬使用者若しくは除草剤販売者又は農薬原体を製造する者その他の関係者（農薬取締法第29条第1項）

例41　金融商品取引業者等、…証券金融会社その他の関係者（金商法第194条の5第2項）

　「その他」「その他の」については、代表、例示である「Ａ、

B、C」との間に接続詞を用いず「A、B、Cその他X」等と規定するのが原則である（第1章5(1)参照）。しかし、例42、例43のように読点（「、」）を付けることや、例44、例45のように動詞の例示を「その他…」で受けるときに「その他」の前に「又は」「、」が用いられることもある（第1章5参照）。

例42 契約の内容の適正化、資産運用の適正化、その他投資者の保護（金商法第78条第2項第2号）

例43 銀行代理業を開始したとき、その他内閣府令で定める場合に該当するとき（銀行法第53条第4項）

例44 認可を取り消し、その委託の方法の変更若しくはその委託の一部若しくは全部の禁止を命じ、又はその他監督上必要な措置をとることを命ずることができる（金商法第153条の2）

例45 定款…の変更、…財産の供託を命じ、又は財産の処分を禁止し、若しくは制限し、その他監督上必要な命令をすることができる（農業協同組合法第94条の2第2項）

(2) もののほか

「その他」が例46のように号の1つで用いられる場合がある。並列的な記述を各号の形式をもって定めたものであり、「A、B、Cその他」の規定ぶりと同様に、A、B、Cに相当する前各号は代表列挙である。例46では内閣府令で前各号と同様のものを定めることとなる。これと同様に号の1つとして「前各号に掲げるもののほか」と規定される場合がある（例47）。法令用語辞典では、「もののほか」には①その用語の対象となる事項を含めてという意味（包含）、②単に前に掲げるものに加え

てという「及び」に近い意味（追加）の２つがあるとされる。例47は、前26号に掲げられた事項も法律に基づき金融庁の所掌事務とされているものであり①の意味といえる。例48も、第１号、第２号に掲げる業務も「金融商品取引業の健全な発展又は投資者の保護に資する業務」といえ①の意味といえる。

「前各号に掲げるもののほか」が政令等への委任と結びつくときは、①であれば政令では前各号の行為を改めて規定する必要があり、②であれば政令では前各号の行為を規定する必要はないこととなるが、通常②の意味として用いられる（例49。金商法施行令第17条の14参照）。例50について法令用語辞典では「「前２号に該当する者の外」というのは、単なる１つの前置詞で、前２号の規定とこの４号の規定との間には包含又は除外の密接な関係はなく、「前２号に規定するものに加えて」という程度の軽い意味を表したものである」とされる。

「前各号に掲げるもののほか政令で定める」の場合は、「前各号に掲げるもの」が代表列挙・例示列挙ではないこととなるが、実務上、このような差異があるとの認識を持っているとは思われない。

なお、「もののほか」に類似する語句として「を除くほか」がある（例51）。この語句は②の意味であることが明らかと思われるが、「もののほか」が用いられることが多い。

例46　金商法

　第66条の11　金融商品仲介業者は、第２条第11項各号に掲げる行為を行おうとするときは、あらかじめ、顧客に対し次に掲げる事項を明らかにしなければならない。

四　その他内閣府令で定める事項

例47　金融庁設置法第 4 条

　　二十七　前各号に掲げるもののほか、法律（法律に基づく命令を含む。）に基づき金融庁に属させられた事務

例48　金商法

　第79条の 7　…次の各号に掲げる業務を行おうとする法人は、内閣総理大臣の認定を受けることができる。

　　一　金融商品取引業者又は金融商品仲介業者の行う金融商品取引業に対する苦情の解決

　　二　金融商品取引業者又は金融商品仲介業者の行う金融商品取引業に争いがある場合のあっせん

　　三　前 2 号に掲げるもののほか、金融商品取引業の健全な発展又は投資者の保護に資する業務

例49　金商法

　第64条　金融商品取引業者等は、…その役員又は使用人のうち…次に掲げる行為を行う者の氏名、生年月日その他内閣府令で定める事項につき、…外務員登録原簿に登録を受けなければならない。

　　三　前 2 号に掲げるもののほか、政令で定める行為

例50　前 2 号に該当する者の外、…前 2 号の一に該当する者と同等以上の一般的学力を有すると認められた者（平成15年法律第67号による改正前の公認会計士法第 7 条 1 項 4 号)

例51　この法律に別段の定めがある場合を除くほか、委託会社と受託会社との間の関係は、委任に関する規定に従う（保険業法第147条）

4 等

(1) 用いられ方

「等」は、それを付けた言葉以外にも対象とするものがあることを意味する用語である。「その内容が複雑で、簡単なことばで略称したり、総称したりできないような場合に、そこに表示されている言葉の意味するもの以外にまだほかのものが含まれていることを表示するため」[11]に、「等」は法令の題名、章節名、条文の見出しの中で用いられる。

2つの法令を改正する法令の題名には「及び」が用いられ、3つ以上の法令を改正する法令の題名には「等」が用いられる。介護保険の国庫負担金の算定等に関する政令等の一部を改正する政令（平成29年政令第223号）は、「介護保険の国庫負担金の算定等に関する政令」と、「健康保険法等の一部を改正する法律附則第130条の2第1項の規定によりなおその効力を有するものとされた介護保険の国庫負担金の算定等に関する政令の一部を改正する政令」という2つの政令の改正であったが「等」が用いられる。これは、後者が実質的に前者の改正であり、このような場合には「及び」が適当ではないとされ「等」が用いられる。

「A等」とあれば、Aと、Aに類する何かを意味するが、それが何であるかを特定することはできないため、「法令の規定内容として、この「等」を使うことは、その意味をあいまいに

する可能性が多いから、法令の地の文章というか、規定内容そのものとして、この「等」という字が使われることは、比較的少ない」[12]「法令中で一字一字の厳密な定義を必要とする実体規定には、この用語を直接使うことはできない」[13]とされる。

　「一般に法令の規定で、1ないし数個の列挙事項を掲げて、その直後に「等」の字が用いられた場合は、別異に解すべき特別の理由がない限り、その「等」に包含される事項は、例示事項とその規範的価値において同じ性質の重要性を有するものと解するのが相当である」という趣旨の法制意見[14]が出されており、「等」とは「類するもの」とも解される。「類する」との用例は多数あり、例えば「説明書類又はこれに類するもの」（銀行法第52条の2の6第1項）は、「等」が「類するもの」を意味するのであれば「説明書類等」と規定することもできると思われる。しかし、「文字、図形等人の知覚によって認識することができる情報」（デジタル行政推進法旧第2条第3号）は、令和元年法律第16号により「文字、図形その他の人の知覚によって認識することができる情報」（第3条第5号）と「等」を用いないように改正されている。ただし、同様の箇所について、民事訴訟法第132条の10第1項等では「文字、図形等」のまま規定されている。また、「金銭（これに類するものとして政令で定めるものを含む。）」（金商法第63条第1項第2号）のように「類するもの」と規定しても例示にすぎず、政令等で定めるとする例が多いように、「等」の外延が明確であるとは言い難い。

　「「株式等」とは、株式又は持分をいう」（銀行法第2条第7項）のように、用語を定義する場合に用いる「等」には解釈上の紛

れなく、「法令を短く、かつ、わかりやすくするために極めて有用」[15]であることから「等」は多用されており、株式「以外の何かが含まれているなということを容易に想像させることからいって、法令用語として、より適切であり、より親切であるということがいえる」[16]とされる。例52では「氏名等」として「等」が用いられているが、同法施行令第19条第2項で、「裁判官の氏名等の掲示には、審査に付される裁判官の氏名及び任命年月日その他総務省令で定める事項（…）を掲載しなければならない」と規定されており、政令で「等」の内容が分かる仕組みとなっている。このように他の規定を踏まえれば「等」の内容が分かる場合にも「等」は用いられる。

　さらに目的規定（例53）や、例示（例54）、政令の指針（例55）など「等」を用いていても支障がないと思われる場合には「等」は用いられる。行政に何らかの支援、援助を行わせようとする規定でも、幅広く支援等が行われるよう「等」が用いられる（例56、例57）。このような「等」については、「解釈上の疑義は生じないし、表記上も便利である。ただ、日本語としてはどうも品がよくない」[17]とされるが、「等」に代わる表現は見つからない。

　罰則の構成要件や国民に義務を課する規定においては「等」を使うべきではないとされている。しかし例外もある。栄養士法では「管理栄養士でなければ、管理栄養士又はこれに類する名称を用いて第1条第2項に規定する業務を行ってはならない」（第6条第2項）とされ、違反には罰金が科される（第8条第4号）が、第1条第2項に規定する業務は「傷病者に対する

療養のため必要な栄養の指導…栄養改善上必要な指導等を行うこと」であり「等」を含んだものとなっている。また、確定拠出年金法第78条第1項では「厚生年金適用事業所の事業主は…法令及び個人型年金規約が遵守されるよう指導等に努めなければならない」とされ、努力義務規定であるが「等」が用いられている。

例52 市町村の選挙管理委員会は、政令の定めるところにより、審査に付される裁判官の氏名等の掲示をしなければならない（最高裁判所裁判官国民審査法第52条）

例53 この法律は、企業内容等の開示の制度を整備するとともに、金融商品取引業を行う者に関し必要な事項を定め、金融商品取引所の適切な運営を確保すること等により、有価証券の発行及び金融商品等の取引等を公正にし、有価証券の流通を円滑にするほか、資本市場の機能の十全な発揮による金融商品等の公正な価格形成等を図り、もって国民経済の健全な発展及び投資者の保護に資することを目的とする（金商法第1条）

例54 免許、許可、認可等の処分（都市計画法第23条5項等）

例55 当該有価証券と種類を同じくする有価証券の発行及び勧誘の状況等を勘案して政令で定める要件（金商法第2条第4項第2号ハ）

例56 国は、先進的な再生医療の研究開発を促進するため、大学等で行われる先進的な研究開発に対する助成、研究開発の環境の整備等の必要な支援を行うものとする（再生医療を国民が迅速かつ安全に受けられるようにするための施策の総合的な

推進に関する法律第 8 条第 1 項）

例57　都道府県知事は…必要な助言、指導等を行うほか、必要に応じて、関係行政機関の紹介を行うものとする（身体障害者補助犬法第25条第 2 項）

(2)　な　ど

「など」は「等」と同じ意味である。語調の関係で名詞の後に用いられる場合もある（例58）が、文章（動詞）の後に続けて用いられることが多い。このため「等」よりも目的規定、趣旨規定などにおいて、ある程度文学的な表現が行われる場合に用いられている（例59〜例61）。

例58　小学校においては、…児童の体験的な学習活動、特にボランティア活動など社会奉仕体験活動、自然体験活動その他の体験活動の充実に努めるものとする（学校教育法第31条）

例59　スポーツは、…ドーピングの防止の重要性に対する国民の認識を深めるなど、スポーツに対する国民の幅広い理解及び支援が得られるよう推進されなければならない（スポーツ基本法第 2 条第 8 項）

例60　バイオマスの活用の推進は、まずバイオマスが製品の原材料として利用され、最終的にエネルギー源として利用されるなど、バイオマスの種類ごとの特性に応じて最大限に利用されることを旨として行われなければならない（バイオマス活用推進基本法第 8 条）

例61　幼稚園においては、…幼児期の教育に関する各般の問題につき、…必要な情報の提供及び助言を行うなど、家庭及び

地域における幼児期の教育の支援に努めるものとする（学校教育法第24条）

(3) 「等」と「その他」

「等」を用いなくとも、「口頭、文書その他の方法」（例32）、「利率、償還期限その他の条件」（例33）、「文書、図画、音声その他の資料」（例34）など「その他の」を利用すれば実質的に「口頭、文書等」「利率、償還期限等」と規定するのと変わりがないともいえる。ただ、「「等」が単に具体的な名詞を列挙してそれ以外の内容は法令を読む者の類推に委ねているのに対し、「その他」は、具体的名詞を列挙するほか、その他の後に「その他」の内容を限定する抽象的な語句を置いているところに大きな特徴がある。…「等」よりも「その他」を用いる方がより限定的である」[18]と思われる。

5 違いを生じさせる表現

(1) 「一部」「全部又は一部」

例えば、事業者の業務の委託に関する規定を設けるとき、「業務を委託することができる」と規定する場合がある。この場合に業務の全てを委託できるのか、一部に限って委託できるのかは定かではない。解釈に委ね、運用で解決することもできるが、内容を明確にするために「業務の一部を委託することができる」と規定される場合も多い。資金決済法では名義貸しが

禁止されており（第42条）、業務の全てを第三者に委託することは名義貸しに当たり、「一部を」と規定するまでもないと考えられたため、制定時（平成20年）には「資金移動業を第三者に委託する場合」と規定された（第38条第１項第９号）が、平成28年の改正により「資金移動業の一部を第三者に委託する場合」に改正された。

　しかし、「一部」と規定されている場合に「全部」が排除されるかが問題となりえる。例62では「一部」を一般会計に繰り入れることができるとありながら、実際には売払収入金の全てが使用されることとなった。「通常、全部が含まれる場合には「全部又は一部」と明記されているはずである。しかし、政府は「法律上一部となっていても、全部に及ぶケースもある」という主旨の答弁をしている」との質問[19]に対し、「法律の条文中に「一部」と規定されている場合にその「一部」が例外的に全部を意味することがあり得るかどうかについては、その法律や条文の趣旨等を踏まえ、必要に応じて個別に判断すべきものである」[20]として「一部」と規定されている場合であっても例外的に「全部」が認められる場合があるとされる。例63では、被担保債権の一部でも譲渡された場合の趣旨であり全部が譲渡された場合も含まれるようにみえる。しかし、全部が譲渡された場合は電子記録債権法の別の手続（質権者の変更）によることとなり「全部」は含まれない。例64では、一部の受益証券の権利者であってもの意味であり、全ての権利者に回復することができない損害を生ずるおそれがある場合が除外されるのは不適当である。例65では、処分に関し「業務の全部又は一部の停

止」と規定する法律が多数ある中で、あえて「一部の停止」と規定したとすれば全部の停止はできないと解することもできるが、「業務の一部の停止」は、「その他の監督上必要な措置」の例示であり、必要な措置として「業務の全部の停止」を命ずることができるとも解しうる。

「全部又は一部」と規定すれば全部が含まれることが明らかであるが、「一部」と規定する場合には必ずしも「全部」が排除されないこととなる。

例62 政府は、当分の間、次に掲げる財源に充てるため、各会計年度における国債の償還等国債整理基金の運営に支障の生じない範囲内で、日本電信電話株式会社の株式の売払収入金に相当する金額の一部を、予算で定めるところにより、国債整理基金特別会計から一般会計に繰り入れることができる（日本電信電話株式会社の株式の売払収入の活用による社会資本の整備の促進に関する特別措置法第6条第1項）

例63 被担保債権の一部について譲渡がされた場合における質権又は転質の移転による変更記録においては、…当該譲渡の目的である被担保債権の額をも記録しなければならない（電子記録債権法第41条第1項）

例64 受託信託会社等が信託法第33条の規定に違反する行為を行い、又はこれを行うおそれがある場合において、これにより一部の受益証券の権利者に回復することができない損害を生ずるおそれがある場合においては、…当該受益証券の権利者は、受託信託会社等に対し、その行為をやめるよう請求することができる（資産の流動化に関する法律第262条第2項）

例65 内閣総理大臣は、金融機関等が第３条第２項各号の規定に違反して資産の査定等を行った場合には、…業務の<u>一部</u>の停止その他の監督上必要な措置を命ずることができる（金融機能の早期健全化のための緊急措置に関する法律第20条第１項）

(2) 「全て」「いずれ」

「次に掲げる要件を満たす」「次に掲げる措置をとる」「各号に該当する場合」等と規定される場合に、掲げる要件の全てを満たすことが必要か、掲げる措置の全てをとらなければならないか、各号の全てに該当することが必要か等は必ずしも定かではない。解釈に委ね、運用で解決することもできるが、明確にするために「次に掲げる要件の全てを満たす」「次に掲げるいずれかの措置」「各号のいずれかに該当する場合」等と、「全て」「いずれ」を用いて規定する場合がある。「…から…までに該当する場合」等についても同様である。

　参入要件については、「全て」「いずれ」がなくとも「全て」の要件が必要と理解されていると思われる（例66）が、「全て」「いずれ」を規定する場合もある（例67）。取消等の処分の要件については全ての場合に該当したときに処分できるとの反論を封じるためか「いずれ」と規定する例が多い（例68（第25条の11）、例69（第74条））。このように疑義をなくす必要があると考える場合に「全て」「いずれ」を規定していると思われる。例68では二重下線部分で「いずれ」が用いられていたが、下線部分は平成30年法律第92号により、「各号に適合」が「各号のいずれにも適合」（第８条、第28条）、「各号に該当」が「各号のい

ずれかに該当」（第25条の11）に改正されたものである。なお、「いずれかに該当する」場合には「全てに該当する」場合が含まれるため、「全部又は一部」にならえば「いずれにも又はいずれかに該当する」と規定することとなる。しかし、このような例はなく「要件の全て又はいずれか」という例もない。ただし「いずれか又は全て」という例がある（「次に掲げる援助のいずれか又は全てを受けることを希望する者」（児童福祉法第6条の3第14項）、「次の各号に掲げる教育に関する事務のいずれか又は全て」（地方教育行政の組織及び運営に関する法律第23条第1項））。

「次の措置」「次に掲げる措置」「次の各号に掲げる措置」等については、平成25年法律第74号附則第11条第3項（「政府は…次に掲げる措置を講ずるものとする」）、同条第5項「政府は…次に掲げる措置について検討を加え」のように措置の全てを意味する場合もあるものの、通常はいずれかの措置を意味することから、「次に掲げる措置」（例69（第59条））、「次に掲げるいずれかの措置」（例70）等とされ、「いずれかの措置」と解されては困るようなときに「全ての措置」（例71）「措置の全て」（例72）と規定される。

なお、「全て」は従前は「すべて」と表記することとされていたため、法令によって「全て」「すべて」の表記がまちまちである（第1章2参照）。

例66 内閣総理大臣は、次に<u>掲げる要件</u>を備える者を、その申請により、紛争解決等業務を行う者として、指定することができる（金商法第156条の39第1項）

例67 前項の規定による指定は、その区域が合理的な当該指定

野菜の集団産地の形成のために必要な次に掲げる要件の<u>すべて</u>を備える場合において、するものとする（野菜生産出荷安定法第4条第2項）

例68 水道法

第8条　水道事業経営の認可は、その申請が次の各号の<u>いずれにも</u>適合していると認められるときでなければ、与えてはならない。

第25条の11　水道事業者は、指定給水装置工事事業者が次の各号の<u>いずれかに</u>該当するときは、第16条の2第1項の指定を取り消すことができる。

一　第25条の3第1項各号の<u>いずれかに</u>適合しなくなったとき。

第28条　水道用水供給事業経営の認可は、その申請が次の各号の<u>いずれにも</u>適合していると認められるときでなければ、与えてはならない。

例69 預金保険法

第59条　合併等を行う金融機関で破綻金融機関でない者又は合併等を行う銀行持株会社等は、機構が、合併等を援助するため、次に<u>掲げる措置</u>を行うことを、機構に申し込むことができる。

第74条

2　内閣総理大臣は、金融機関から…事態が生ずるおそれがあると認める旨の申出があった場合において、当該事態が生ずるおそれがあり、かつ、前項各号に掲げる要件の<u>いずれかに</u>該当すると認めるときは、当該金融機関に対し、管

理を命ずる処分をすることができる。
例70　この法律において「経営力向上」とは、事業者が、…方法であって、現に有する経営資源又は次に掲げる<u>いずれかの</u>措置により他の事業者から取得した若しくは提供された経営資源を高度に利用するものを導入して事業活動を行うことにより、経営能力を強化し、経営の向上を図ることをいう（中小企業等経営強化法第 2 条第10項)
例71　著作権者と連絡するために必要な情報を取得するために次に掲げる<u>全ての</u>措置をとり、かつ、…保有する全ての権利者情報に基づき著作権者と連絡するための措置をとったにもかかわらず、著作権者と連絡することができなかった場合（著作権法施行令第 7 条の 5 第 1 項)
例72　次に掲げる措置の<u>全て</u>を講じてもなお当該実演に係る特定実演家と連絡することができないとき（著作権法第94条第 1 項)

(3)　**変更後のもの**

　計画、規則、定款等が作成され、この計画等を「第○条に規定する計画」等と引用する場合がある。計画等はその後変更されることがあるが、変更があった場合に「第○条に規定する計画」等は変更後のものなのか、当初のものなのかという疑問がありうる。会社法の定款は会社の設立に際して作成され（第26条)、株主総会の決議によって変更することができる（第466条）が、定款に変更があれば、変更後のものが「定款」であることが当然とされている。同様に考えれば、計画等に変更があっ

場合に変更後のものであることが当然といえるが、「変更があったときは、その変更後のもの」と規定する例が多数ある（例73、例74）。計画等の変更について許認可等が必要な場合に許認可等を受けて変更を行ったものである趣旨を明らかにするものである。なお、法令が変更された場合に変更後の法令（施行されている法令）が適用されるのは当然であり、例えば特別金融商品取引業者は内閣総理大臣が定める基準を用いて表示する経営の健全性の状況を記載した書面を届け出なければならない（金商法第57条の5第2項）が、この基準に変更があれば変更後のものであることが当然とされている。例75のような規定は通常置かれない。

例73 第1項の承認を受けた社会福祉法人は、同項の承認があった社会福祉充実計画（次条第1項の変更の承認があったときは、その変更後のもの）に従って事業を行わなければならない（社会福祉法第55条の2第11項）

例74 一般送配電事業者は、前項の認可を受けた託送供給等約款（第5項若しくは第8項の規定による変更の届出があったとき、又は次条第2項の規定による変更があったときは、その変更後のもの）以外の供給条件により託送供給等を行ってはならない。ただし、…経済産業大臣の認可を受けた供給条件（同項の規定による変更があったときは、その変更後のもの）により託送供給等を行うときは、この限りでない。

例75 農薬使用者は、第1項の基準（前項の規定により当該基準が変更された場合には、その変更後の基準）に違反して、農薬を使用してはならない（農薬取締法第25条第3項）

(4) 「可能な限り」「できる限り」「原則として」

　「可能な限り」「できる限り」「原則として」という用語は規範を定める法令にはなじまないように思われるが、これらの用語が用いられる場合がある。「利用しやすい」（例76）、「速やか」（例77）の程度を表す語として用いられている。努力義務規定（例78、例79。波線部分）については「できる限り」とすることで努力義務が強化されるとも解されるが、義務規定（例80〜例82。二重下線部分）については「原則として」「できる限り」と規定することで義務を緩和することとなる。例83では「障害が重度であって必要な設備の整った施設で適切な医療的ケアを受けなければならない方、こういった方々は必ずしもその身近な場所では適切な支援を受けられない場合もあり得るということも考えまして、「可能な限り」という表現を入れた」が、「「可能な限り」と書くことで、基本的な方向に向けての努力が少しそがれてしまうのではないか」[21]という懸念があったとされる。

例76　前項の手数料の額は、実費の範囲内において、できる限り利用しやすい額とするよう配慮して、国立公文書館等の長が定めるものとする（公文書管理法第20条第2項）

例77　少年院の長は、在院者がその少年院に入院したときは、できる限り速やかに、…その在院者が履修すべき矯正教育課程を指定するものとする（少年院法第33条第1項）

例78　受訴裁判所その他の裁判所における手続を実施する者は、充実した手続を実施することにより、可能な限り裁判の迅速化に係る第2条第1項の目標を実現するよう努めるもの

とする（裁判の迅速化に関する法律第6条）

例79 法務大臣は、救済の申出の内容が、その申出をした者に対する…少年院の職員による行為に係るものである場合にあってはできる限り60日以内に、それら以外のものである場合にあってはできる限り90日以内にその処理を終えるよう努めるものとする（少年院法第125条第2項）

例80 独立行政法人の会計は、…原則として企業会計原則によるものとする（独立行政法人通則法第37条）

例81 第1号法定受託事務については、できる限り新たに設けることのないようにするとともに…、適宜、適切な見直しを行うものとする（地方分権の推進を図るための関係法律の整備等に関する法律附則第250条）

例82 労働者及び使用者は、労働契約の内容について、できる限り書面により確認するものとする（労働契約法第4条第2項）

例83 国及び地方公共団体は、医療若しくは介護の給付又はリハビリテーションの提供を行うに当たっては、障害者が、可能な限りその身近な場所においてこれらを受けられるよう必要な施策を講ずるものとするほか、その人権を十分に尊重しなければならない（障害者基本法第14条第5項）

(5) 少なくとも

「少なくとも」とは、最低限度の値、最低限しなければならない行為を提示する言い方とされるが、法令では「以上」を用いれば足りる場合が多いと思われる。例84は「資本金に相当す

る額以上の額」と、例85は「毎年１回以上」と言い換えることができると思われるが、「以上」では最低限でよいとのニュアンスを感じ、「少なくとも」とすればそれ以上を期待しているニュアンスがあるためと思われる。「少なくとも６年ごとに、がん対策推進基本計画に再検討を加え」（がん対策基本法第10条７項）、「運用の指図は、少なくとも３月に１回、行い得るもの」（確定拠出年金法第４条第１項第５号）、「その決定の日と利用させる日との間に少なくとも２週間を置かなければならない」（公文書管理法第18条第４項）なども同様と思われる。例86は平成28年法律第66号により「３以上」に改正された。

　記載事項や説明事項については、「少なくとも」を用いず、例えば「定款には、次に掲げる事項を記載しなければならない」と規定すると、定款にはその他の事項を定めることができないとの疑義が生じるが、「少なくとも」があれば、その他の事項を記載することができるのが明確となる（例87）。また、説明義務等であれば、「少なくとも」があれば最低限の義務であることが明らかとなり、それ以上のことが期待されているニュアンスとなる（例88、例89）。

　なお「少なくとも」が「遅くとも」の意味で用いられている例がある（例90、例91）。また「少なくとも」の反対の意味である「多くとも」「多くても」の用例はない。

例84　機構は、高速道路勘定において、前項の規定による解散の日までに承継債務等の返済を完了させ、同日において<u>少なくとも</u>資本金に相当する額を残余財産としなければならない（独立行政法人日本高速道路保有・債務返済機構法第31条第２項）

例85　理事は、少なくとも毎年１回、通常社員総会を開かなければならない（特定非営利活動促進法第14条の２）

例86　企業型年金加入者等に係る運用関連業務を行う確定拠出年金運営管理機関は、…次に掲げる運用の方法のうち政令で定めるものを企業型年金規約で定めるところに従って少なくとも３以上選定し、企業型年金加入者等に提示しなければならない（平成28年法律第66号による改正前の確定拠出年金法第23条第１項）

例87　定款には、少なくとも次に掲げる事項を記載しなければならない（公認会計士法第34条の７第３項）

例88　対象建設工事を発注しようとする者から直接当該工事を請け負おうとする建設業を営む者は、当該発注しようとする者に対し、少なくとも第10条第１項第１号から第５号までに掲げる事項について、これらの事項を記載した書面を交付して説明しなければならない（建設工事に係る資材の再資源化等に関する法律第12条第１項）

例89　少なくとも料金の収受及び自動車運転代行業者の責任に関する事項であって国土交通省令で定めるものが明確に定められていること（自動車運転代行業の業務の適正化に関する法律第13条第２項第２号）

例90　社員総会の招集の通知は、その社員総会の日より少なくとも５日前に…しなければならない（特定非営利活動促進法第14条の４）

例91　投票の期日は、少なくともその20日前に告示しなければならない（大都市地域における特別区の設置に関する法律施行

令第 3 条第 5 項)

《注》
1　礒崎・50頁注20・93、94頁。
2　礒崎・前掲注 1 ・93、94頁。
3　田島信威『法令用語ハンドブック』402頁（ぎょうせい、2004年）。
4　礒崎・前掲注 1 ・143頁。
5　伊藤義一『税法の読み方 判例の見方［改訂新版］』 6 ～ 8 頁（TKC出版、2007年）。
6　平成 3 年 2 月12日第120回衆議院予算委員会工藤政府委員。
7　前掲注 6 と同じ。
8　平成 3 年 2 月12日第120回衆議院予算委員会冬柴委員。
9　前掲注 6 と同じ。
10　前掲注 6 と同じ。
11　林修三『法令用語の常識［第 3 版］』172頁（日本評論社、1986年）。
12　林・前掲注11・170頁。
13　山本庸幸「実務立法技術」374頁（商事法務、2006年）。
14　内閣法制局『法制意見総覧』1331頁（帝国地方行政学会、1957年）。
15　山本・前掲注13・373頁。
16　林・前掲注11・172頁。
17　松尾浩也＝塩野宏編『立法の平易化』103頁（信山社、1997年）。
18　礒崎・前掲注 1 ・98頁。
19　平成14年 2 月 7 日第154回国会参議院質問第 7 号「法律における「一部」の解釈に関する質問主意書」提出者櫻井充。
20　平成14年 2 月19日前掲注19に対する政府答弁書。
21　平成23年 6 月15日第177回衆議院内閣委員会村木政府参考人。

■ 著者略歴 ■

高橋　康文（たかはし　やすふみ）

特定非営利活動法人証券・金融商品あっせん相談センター専務理事。旧大蔵省入省。旧証券局課長補佐などを経て内閣法制局参事官。その後、金融庁、財務省、内閣官房などでの勤務の後、内閣法制局部長をもって退官。2020年7月より現職。

〔主要編著書（共著）〕

『逐条解説金融商品販売法』（金融財政事情研究会、2001年）、『詳解 新しい信託業法』（第一法規、2005年）、『逐条解説新社債、株式等振替法』（金融財政事情研究会、2006年）、『一問一答 電子記録債権法』（商事法務、2008年）、『詳説 資金決済に関する法制』（商事法務、2010年）、『解説 原子力損害賠償支援機構法』（商事法務、2012年）、『新・逐条解説資金決済法［第2版］』（金融財政事情研究会、2023年）ほか。

KINZAIバリュー叢書 L
法令表記ルールと実際

2024年9月6日　第1刷発行

著　者　高　橋　康　文
発行者　加　藤　一　浩

〒160-8519　東京都新宿区南元町19
発　行　所　一般社団法人 金融財政事情研究会
編集部　TEL 03(3355)1721　FAX 03(3355)3763
販売受付　TEL 03(3358)2891　FAX 03(3358)0037
URL https://www.kinzai.jp/

DTP・校正：株式会社友人社／印刷：文唱堂印刷株式会社

・本書の内容の一部あるいは全部を無断で複写・複製・転訳載すること、および磁気または光記録媒体、コンピュータネットワーク上等へ入力することは、法律で認められた場合を除き、著作者および出版社の権利の侵害となります。

・落丁・乱丁本はお取替えいたします。定価はカバーに表示してあります。

ISBN978-4-322-14425-3

創刊の辞

　2011年3月、「KINZAI バリュー叢書」は創刊された。ワンテーマ・ワンブックスにこだわり、実務書より読みやすいが新書ほど軽くないをコンセプトに、現代をわかりやすく切り取り、かゆいところに手が届く、丁度いい「知識サイズ」に仕立てた。

　ニュース解説に留まらず物事を「深掘り」した結果、バリュー叢書は好評を博し、間もなく第一作の「矜持あるひとびと」から数えて刊行100冊を迎える。読者諸氏のご愛顧の賜物である。

　バリュー叢書に通底する理念は不易流行である。「金融」「経営」などのあらゆるジャンルに果敢に挑戦しながら、「不易」―変わらないもの―と「流行」―変わるもの―とをバランスよく世に問うことである。本叢書シリーズは決して色褪せない。それはすなわち、斯界の第一線実務家や研究者が現代を切り取り、コンパクトにまとめ、時代時代の先進的なテーマを鮮やかに一冊に落とし込んでいるからだ。次代に語り継ぐべき大切な「教養」や「斬新な視点」、「魅力溢れる人間力」が手本なき未来をさまようビジネスパーソンの羅針盤になっているものと確信している。

　2022年12月、新たに「Legal」を加え、12年振りに「バリュー叢書L」を創刊する。不易流行は変わらずに、いま気になることがすぐにわかる内容となっている。第一線実務家や研究者はもとより、立案担当者や制度設計に携わったプロ達も執筆陣に迎えている。

　新シリーズもまた、混迷の時代、先が見通せないと悩みながら「いま」を生き抜くビジネスパーソンの羅針盤であり続けたい。

加藤　一浩